TOP 10 TOKYO

STEPHEN MANSFIELD

DK

Links **Spielhalle in der Ginza** Mitte **Ichi no Torii, Meiji-Schrein** Rechts **Kabuki-za Theater**

Penguin Random House

www.dorlingkindersley.de

Produktion *Quadrum Solutions, Krishnamai, 33B, Sir Pochkanwala Road, Worli, Mumbai, Indien*
Texte *Stephen Mansfield*
Fotografien *Martin Hladik*
Kartografie *Casper Morris*
Redaktion & Gestaltung
Dorling Kindersley Ltd., London

Aktualisierte Neuauflage 2015 / 2016

Programmleitung *Dr. Jörg Theilacker, DK Verlag*
Projektleitung *Stefanie Franz, DK Verlag*
Übersetzung *Barbara Rusch, München*
Redaktion *Birgit Walter, Augsburg*
Schlussredaktion *Philip Anton, Köln*
Satz & Produktion *DK Verlag*
Druck *Leo Paper Products Ltd., China*

ISBN 978-3-7342-0512-5
2 3 4 5 17 16 15 14

Die Top-10-Listen in diesem Buch sind nicht nach Rängen oder Qualität geordnet. Alle zehn Einträge sind in den Augen des Herausgebers von gleicher Bedeutung.

Inhalt

Top 10 Tokyo

Die Informationen in diesem Top-10-Reiseführer werden regelmäßig aktualisiert.

Angaben wie Telefonnummern, Öffnungszeiten, Adressen, Preise und Fahrpläne können sich jedoch ändern. Der Verlag kann für fehlerhafte oder veraltete Angaben nicht haftbar gemacht werden. Für Hinweise, Verbesserungsvorschläge und Korrekturen ist der Verlag dankbar. Bitte richten Sie Ihr Schreiben an:

Dorling Kindersley Verlag GmbH
Redaktion Reiseführer
Arnulfstraße 124 • 80636 München
travel@dk-germany.de

Umschlag **Traditionelle japanische Lampions**

Links **Prada Aoyama** Mitte **Azumabashi über den Sumida** Rechts **Shinjuku-Gyoen-Garten**

Stadtteile

Reise-Infos

Links **Kirschblüte** Rechts **Der Tempel Benten-do im Ueno-Park**

土肥一夫

TOP 10 TOKYO

TOP 10 Highlights

Die östlichste Metropole Asiens verändert sich ständig: Tokyo ist ein Synonym für Wandel und Flexibilität. Obwohl in der Stadt der Zukunft größeres Interesse gilt als der Vergangenheit, bleiben Geschichte und Traditionen lebendig. Die Kulturmetropole zählt zu den dynamischsten und kreativsten Zentren der Welt. Folgende Sehenswürdigkeiten sind ein Muss für jeden, der zum ersten Mal in diese Stadt kommt, in der es stets Neues zu entdecken gibt.

1 Kaiserliche Palastanlage

Der Palastgarten ist teils öffentlicher Park, teils »Verbotene Stadt«. Die Gräben, Steinmauern, alten Brücken, Türme und Gärten sind historische Überreste der alten Stadtanlage *(siehe S. 8f)*.

2 Tempel Senso-ji

Zu den zahlreichen Attraktionen der Tempelanlage zählen z. B. das »Donnertor« Kaminari-mon und die Einkaufsstraße Nakamise-dori *(siehe S. 10f)*.

3 Entlang dem Sumida

Bei einer Bootsfahrt unter den berühmten Flussbrücken hindurch lernt man die Geschichte der Stadt kennen *(siehe S. 12f)*.

4 Edo-Tokyo Museum

Anhand historischer Objekte, Kunst und Architektur erläutert das Museum Tokyos Geschichte von Zeiten der Burg Edo bis zu den Olympischen Spielen *(siehe S. 14f)*.

5 Ueno-Park

Der weitläufige Park mit Zoo, Tempeln, Mausoleen, großen Museen und einem herrlichen Lotosteich ist wie ein Abriss japanischer Kulturgeschichte. Im Frühjahr trifft man sich unter 1000 blühenden Kirschbäumen zum Picknick *(siehe S. 16f)*.

6 Nationalmuseum

Das Tokyo National Museum (TNM) birgt die weltweit größte Sammlung japanischer Kunst und Archäologie sowie Schätze aus China, Korea und Zentralasien *(siehe S. 18–21)*.

Vorhergehende Doppelseite
Rote Tore führen zum Gojo-Tenjinsha-Schrein im Ueno-Park

Koishikawa-Korakuen-Garten 7

Tokyos ältester Park birgt einen herzförmigen Teich, Brücken aus Stein und lackiertem Holz, Steinarrangements, Inseln, Miniaturberge und einen Seerosenteich voller Symbolik *(siehe S. 22f)*.

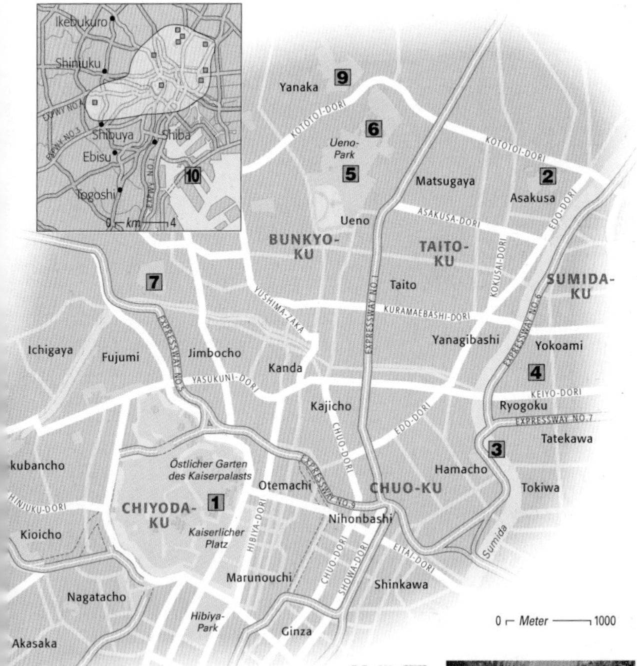

Ikebukuro
Shinjuku
EXPWY NO. 4
EXPWY NO. 3
Shibuya
Shiba
Ebisu
Togoshi
10
0 km 4

Yanaka 9
KOTOTOI-DORI
6
Ueno-Park
5
KOTOTOI-DORI
Matsugaya
2
Asakusa
ASAKUSA-DORI
Ueno
EDO-DORI
BUNKYO-KU
TAITO-KU
KOKUSAI-DORI
7
Taito
SUMIDA-KU
YUSHIMA-ZAKA
EXPRESSWAY NO. 1
KURAMAEBASHI-DORI
EXPRESSWAY NO. 6
EXPRESSWAY NO. 5
Yanagibashi
Yokoami
Ichigaya
Fujumi
Jimbocho
Kanda
4
YASUKUNI-DORI
KEIYO-DORI
Kajicho
Ryogoku
EDO-DORI
EXPRESSWAY NO. 7
CHUO-DORI
Tatekawa
3
kubancho
Östlicher Garten des Kaiserpalasts
Hamacho
EXPRESSWAY NO. 9
Otemachi
CHUO-KU
Tokiwa
SHINJUKU-DORI
CHIYODA-KU 1
HIBIYA-DORI
Nihonbashi
Kioicho
Kaiserlicher Platz
Sumida
EITAI-DORI
CHUO-DORI
SHOWA-DORI
Marunouchi
Shinkawa
Nagatacho
0 Meter 1000
Hibiya-Park
Ginza
Akasaka

Meiji-Schrein 8

Inmitten eines Waldes verkörpern wunderschöne Shinto-Bauten und ein herrlicher Irisgarten das Thema Natur *(siehe S. 24f)*.

9 Yanaka-Friedhof

Zwischen knorrigen Kirschbäumen und den Gräbern von Shogunen, Kriegern, Dichtern und Kabuki-Darstellern spuken noch die Geister des alten Edo *(siehe S. 26f)*.

10 Odaiba

Die künstliche Insel bietet Unterhaltung und Experimentelles: Es locken Hightech-Gebäude, Ausstellungen, Museen, Shopping-Meilen, ein gigantisches Riesenrad und ein aufgeschütteter Strand *(siehe S. 28f)*.

In Tokyo unterwegs **siehe S. 117**

TOP 10 Kaiserliche Palastanlage

Der große Park, der den Kaiserpalast umgibt, erstreckt sich im Herzen von Tokyo inmitten geschäftiger urbaner Zentren. Zur Anlage gehören die eindrucksvollen Relikte des alten Palasts, Gräben, Wachtürme, Steinmauern, Türme, Tore und märchenhafte Brücken – und gelegentlich Polizeiabsperrungen. In den öffentlichen Bereichen des Parks lässt sich auch in den Museen, Galerien und herrlich gepflegten japanischen Gärten die Geschichte des Landes nachvollziehen. Die kulturell überaus bedeutsame und von einer tiefen Feierlichkeit erfüllte Anlage fasziniert jeden Besucher.

Malerische Ansicht des Sakurada-mon

Am besten besucht man den Park frühmorgens vor dem Eintreffen der Reisegruppen. Zur Pflaumenblüte im Februar, zur Kirschblüte Ende April und wenn Mitte Mai Azaleen und Hartriegel blühen, ist das Areal besonders schön. Die Museen im Park sind montags (außer an Feiertagen) geschlossen.

Im Kitanomaru-Park ist Picknicken erlaubt. Es empfiehlt sich jedoch, die Straße südlich der Palastanlage zu überqueren und den Hibiya-Park aufzusuchen, in dem ein Freiluftcafé Sandwiches, Nudeln sowie Fish and Chips nach britischer Art serviert.

- *Karte K1–M4*
- *Chiyoda, Chiyoda-ku*
- *Eintritt für Museen & Galerien*
- *www.kunaicho.go.jp/eindex.html*

Top 10 Palastgelände

1. Sakurada-mon
2. Nippon Budokan
3. National Museum of Modern Art
4. Kaiserlicher Platz
5. Chidorigafuchi
6. Galerie für Kunsthandwerk
7. Shiomizaka
8. Wadakura-Park
9. Ote-mon & Nijubashi
10. Östlicher Garten des Kaiserpalasts

1 Sakurada-mon

Der 1457 errichtete Eingang zum äußeren Palastgarten überdauerte Erdbeben, Brände und Luftangriffe. Das innere Tor des Bauwerks steht um 90 Grad versetzt, um Eindringlinge abzuhalten.

2 Nippon Budokan

Das imposante achteckige Dach der Kampfsporthalle *(links)* zieren mit Blattgold belegte zwiebelförmige Abschlüsse. Die Ornamentik ist der traditionellen Ausschmückung japanischer Tempel ähnlich.

3 National Museum of Modern Art

Über 3000 Werke repräsentieren japanische und westliche Künstler von der Meiji-Ära bis zur Gegenwart, auch den umstrittenen Maler und Grafiker Tsuguharu Foujita, der zeitweise in Paris lebte.

4 Kaiserlicher Platz

Die wunderschön gepflegten Rasenflächen, Kirschbäume und ornamentalen Schwarzkiefern wurden im Jahr 1899 angepflanzt. Der Kiesweg fungiert als Brandschutzschneise.

Der Kiesweg am Kaiserlichen Platz dient auch als Sicherheitsgürtel, der Palast und Stadt voneinander trennt.

5 Chidorigafuchi

Die Steinmauern der Burg des Shoguns kontrastieren mit dem dunklen Wasser des Grabens, den Schildkröten und Vögel bevölkern.

6 Galerie für Kunsthandwerk

Das 1910 erbaute, denkmalgeschützte Haus *(oben)* war einst Quartier der Kaiserwache. Die Galerie zeigt Arbeiten japanischer Kunsthandwerker.

7 Shiomizaka

Steinmauern säumen den Weg am »Hang mit Blick auf die Gezeiten«, der früher eine schöne Aussicht auf das Meer und den Fuji bot.

8 Wadakura-Park

Die bezaubernden Wasserspiele *(oben)* auf dem Gelände des Parks wurden zum Gedenken an die Hochzeit des derzeitigen Kaiserpaares installiert.

9 Ote-mon & Nijubashi

Südlich des Tors Ote-mon ragt der elegante Bogen der 1888 erbauten Brücke Nijubashi *(Mitte)* auf. Vor der Kulisse des Fushimi-Turms ist diese ein beliebtes Fotomotiv.

10 Östlicher Garten des Kaiserpalasts

Der von Kobori Enshu im frühen 17. Jahrhundert angelegte Garten *(unten)* bezaubert mit Steinlaternen, Brücken, Teichen, hohen Zelkoven und einem Meer von Blumen.

Schrecken der Vergangenheit

Die heute friedvollen Gärten und Wege der Palastanlage prägten einige leidvolle Begebenheiten: 1923 kampierten die Opfer des großen Erdbebens auf dem Areal, im August 1945 begingen japanische Offiziere angesichts der Niederlage im Zweiten Weltkrieg rituellen Selbstmord *(seppuku)*. In den 1950er und 1960er Jahren war der Kaiserliche Platz Schauplatz gewaltvoller politischer Demonstrationen.

Die grüne Oase Ueno-Park **siehe S. 16f**

TOP 10 Tempel Senso-ji

Die seit der Gründung im Jahr 628 unzählige Male erneuerte Gebetsstätte ist die älteste Tempelanlage Tokyos und spirituelles Zentrum der Stadt. Der gegenwärtige Schrein – ein feuersicherer Nachbau eines 1692 errichteten Tempels – ist Kannon, der Göttin des Mitgefühls, geweiht. In der stets belebten Anlage ziehen Besucherscharen zum Gebet in die überwölbte Haupthalle, die ein prächtiger goldener Altar und eine einzigartige Sammlung von Votivbildern aus dem 18. und 19. Jahrhundert zieren. Das Heiligtum liegt im Zentrum eines quirligen Geschäfts- und Unterhaltungsviertels. Der murmelnde Sprechgesang der Sutras und Schwaden von Räucherkerzen prägen die Anlage ebenso wie der lebhafte Handel mit Souvenirs und das Angebot an traditionellen Speisen.

Fünfstöckige Pagode der Tempelanlage

Um den Besuchermassen zuvorzukommen, sollte man die Tempelanlage frühmorgens besichtigen.

Der Ausflug zum Tempel lässt sich gut mit einer Bootsfahrt auf dem Sumida kombinieren. Startpunkt ist an der Brücke Azumabashi.

Westlich des Tempels laden viele Restaurants mit Tischen im Freien zu einem frühen Mittagessen ein.

- *Karte R1*
- *2-3-1 Asakusa, Taito-ku*
- *3842-0181*
- *24 Std.*
- *www.senso-ji.jp*

Top 10 Tempel

1. Kaminari-mon
2. Niten-mon
3. Asakusa-Schrein
4. Nade Jizo
5. Räuchergefäß
6. Haupthalle
7. Strohsandalen
8. Denbo-in-Garten
9. Benten-Hügel
10. Nakamise-dori

1 Kaminari-mon

Die Gottheiten Fujin und Raijin flankieren das »Donnertor«. Im Zentrum hängt eine rote, mit dem Schriftzeichen für »Donner« versehene Papierlaterne *(unten)*.

2 Niten-mon

Das 1618 erbaute Tor im Osten der Tempelanlage ist als bedeutendes Kulturerbe ausgewiesen. Die restaurierten Säulen und Wände bedecken unzählige Votivblätter von Gläubigen.

3 Asakusa-Schrein

Der Shinto-Schrein (1649) ehrt die Fischer, die die Kannon-Statue in ihrem Netz fanden. Den Eingang zum Hauptraum flankieren Mischwesen aus Löwe und Hund.

4 Nade Jizo

Der Bronze-Bodhisattva *(links)* ist eine Figur des Mitgefühls. Dem Glauben nach lindert es körperliche Leiden, die entsprechende Stelle der Statue zu reiben.

Fujin und Raijin, die neben dem »Donnertor« dargestellt sind, sind der Gott des Windes bzw. der Gott des Donners.

5 Räuchergefäß

Das große Bronzegefäß *(links)* steht vor der Haupthalle. Da es Glück bringen soll, zünden Gläubige rosa Räucherstäbchen an und lassen den Rauch in ihre Kleidung ziehen.

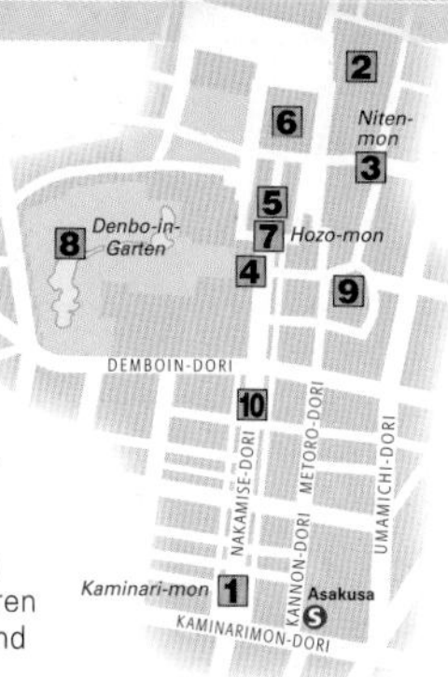

6 Haupthalle

Herzstück der prachtvollen Gebetshalle ist ein mit Gold und Lack verzierter Altar. Die Wände zieren Votivbilder, die Decke schmückt ein von Engeln und Seerosen umgebener bunter Drache.

7 Strohsandalen

An den Wänden des Tors Hozo-mon hängen zwei für Götterfüße gefertigte, riesige Strohsandalen *(unten)*. Sie symbolisieren das traditionelle Schuhwerk buddhistischer Pilger.

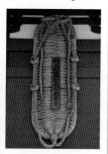

8 Denbo-in-Garten

Der Garten wurde im frühen 17. Jahrhundert von dem Zen-Gärtner Kobori Enshu angelegt. In einem Pavillon neben dem Teich werden Teezeremonien abgehalten.

9 Benten-Hügel

Der Schrein für Benten, die Göttin der Schönheit und der Kunst, steht auf einer Anhöhe über einem alten Hügelgrab. Eine Glocke verkündet die Öffnung der Tempelanlage.

10 Nakamise-dori

Die Straße, die zu Tokyos bedeutendstem Heiligtum führt, säumen mehr als 150 Verkaufsstände *(rechts)*, die traditionelle Produkte und Souvenirs anbieten.

Mysterium der Goldenen Kannon

Am 18. März 628 fanden zwei fischende Brüder eine goldene Statue der Göttin Kannon in ihrem Netz. Die fünf Zentimeter große Figur wird in der Haupthalle des Tempels aufbewahrt. Der Legende nach soll im Augenblick ihrer Entdeckung ein goldener Drache vom Himmel zur Erde getanzt sein. Daher finden in der Tempelanlage im Frühjahr und im Herbst Tänze des Goldenen Drachen statt.

Eintrittskarten für den Denbo-in-Garten sind an dem Stand neben der fünfstöckigen Pagode erhältlich.

Entlang dem Sumida

Um den Sumida, Tokyos wichtigste Wasserstraße und seit je Wahrzeichen der Stadt, ranken sich zahllose Geschichten. Mit seinen Inseln, Brücken, Fähren und Parks ist er Schauplatz für Verkehr, Handel und Feste. Die bemalten Träger, Schäkel und Nieten, die Bogen, Steinpfeiler und schmiedeeisernen Laternen der älteren Brücken vermitteln Dauerhaftigkeit in der sich ständig verändernden Stadt. Statt der flachen Ruderboote, die einst Kurtisanen zu den Teehäusern am Ufer brachten, verkehren heute Wasserbusse, schwimmende Bars und traditionelle Ausflugsboote mit bunten Laternen auf dem Fluss.

Die Komagatabashi über dem Sumida

Den besten Blick auf die Attraktionen gewährt der Wasserbus, der zwischen Asakusa und dem Hama-rikyu-Garten verkehrt und auch die Insel Odaiba anfährt *(siehe S. 117)*. Nördlich des Basho-Inari-Schreins kann man auf den Spuren des Dichters zum Basho-Museum spazieren, einem Forschungszentrum mit einer Sammlung von Handschriften, Kalligrafien und Illustrationen mit Szenen aus Bashos Leben.

Nahe dem JR-Bahnhof von Ryogoku kann man am gegenüberliegenden Ufer bei der Yanagibashi in der Popeye Bar mittags und nachmittags japanische oder deutsche Snacks und Bier aus der hauseigenen Mikrobrauerei genießen.

Top 10 Flussflair

1. Asahi Beer Hall
2. Komagatabashi
3. Feuerwerk
4. Yanagibashi
5. Umayabashi
6. Basho-Inari-Schrein & Statue
7. Kiyosubashi
8. Eitaibashi
9. Tsukuda-jima
10. Hama-rikyu-Garten

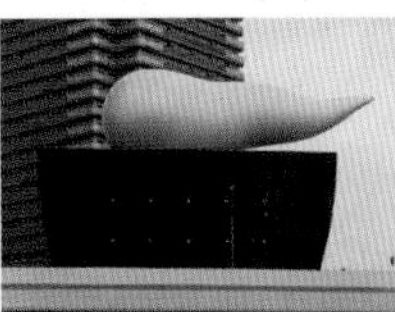

1 Asahi Beer Hall

Der Franzose Philippe Starck entwarf das auffällige, schwarz glänzende Gebäude *(oben)*, das wie eine auf dem Kopf stehende Pyramide die Azumabashi überragt. Die riesige abstrakte Installation auf dem Dach heißt *Flamme d'Or*.

2 Komagatabashi

Die geschwungenen blauen Träger und Steinpfeiler der 1927 erbauten Brücke vereinen Kraft und Eleganz. Wenn am Abend die acht Laternen leuchten, findet sich in der Stadt kaum ein romantischerer Anblick.

3 Feuerwerk

Das große Feuerwerk zwischen Komagatabashi, Umayabashi, Sakurabashi und Kototoi *(unten)* ist am letzten Samstag im Juli zu sehen. *Hanabi*, das japanische Wort für Feuerwerk, bedeutet »Feuerblumen«.

Die Asahi Beer Hall, besser bekannt als Super Dry Hall, wurde 1989 für die Asahi-Brauerei errichtet.

4 Yanagibashi Die grüne Brücke *(links)* im Herzen des alten Geisha-Viertels hat im südlichen Chuo-Bezirk genietete Platten, im Taito-Bezirk ist sie nach Norden hin verkleidet. Haus- und Fischerboote liegen hier vertäut.

5 Umayabashi Die imposante Eisenkonstruktion ist nach den einst westlich der Brücke gelegenen Pferdeställen des Shoguns benannt. Die Pfeiler zieren Basreliefs von Pferden.

6 Basho-Inari-Schrein & Statue Hinter dem Schrein des Haiku-Dichters Matsuo Basho (1644–1694) steht in einem kleinen erhöhten Garten eine Statue des Poeten *(oben)*.

7 Kiyosubashi Die blaue Brücke *(Mitte)* entstand 1928 nach dem Vorbild einer Hängebrücke, die in Köln den Rhein überspannte. Im Lampenschein ist sie besonders romantisch.

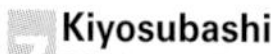

8 Eitaibashi Von der Brücke, die einen malerischen Blick auf den Fluss gewährt, legten früher die Gefangenenboote zu Japans Strafkolonien ab.

9 Tsukuda-jima Die ersten Bewohner der Insel versammelten sich zum Gebet im dem Schutzpatron der Seefahrer, Sumiyoshi Myojin, geweihten Schrein.

10 Hama-rikyu-Garten Der Gezeitensee, der durch Schleusen mit Salzwasser und Meeresfischen angefüllt wird, mit Holzbrücken verbundene kleine Inseln und ein Teepavillon sind Bestandteile der ursprünglichen Anlage *(oben)*.

Flusschroniken

Die Erzählungen von Kafu Nagai (1879–1959), Tokyos berühmtestem Chronisten, beschreiben die Stadt anschaulich. Der Sumida erscheint als gemächlicher Wasserweg, der die Menschen im Einklang mit den Jahreszeiten ernährt. Gleich einem Miniaturenmaler schafft Nagai in seinem frühen Werk *Der Fluss Sumida* ein lebendiges Porträt. Spätere Arbeiten beklagen den durch den Fortschritt erfolgten Wandel.

Die ersten Bewohner von Tsukuda-jima kamen von Osaka, um die Shogun-Küchen mit shirauo *(Jungfisch) zu versorgen.*

TOP 10 Edo-Tokyo Museum

Das Museum widmet sich der Geschichte von Edo und Tokyo. Das auf Stelzen stehende Gebäude erreicht die Höhe der Burg Edo und überragt alle umstehenden Häuser. In der Form ähnelt es einem traditionellen japanischen Reislagerhaus. Zu den modernen Architekturelementen zählen die rote Rolltreppe, die von der Terrasse bis zur Unterseite der auskragenden Obergeschosse führt, und die mit Fluorharz beschichtete Verkleidung. Die Nachbildung der Brücke Nihonbashi und Rekonstruktionen der zerstörerischen Luftangriffe von 1945 gehören zu den Hauptattraktionen der Museumssammlung.

Eingang des Edo-Tokyo Museum

Gegen ein geringes Pfand kann man Audioguides ausleihen. Ehrenamtliche Mitarbeiter stehen für Führungen auf Deutsch, Englisch, Französisch, Spanisch, Chinesisch und Koreanisch zur Verfügung. Diese müssen mindestens zwei Wochen im Voraus gebucht werden.

Im siebten Stock bietet das japanische Café-Restaurant Sakura-Saryou Gerichte nach Rezepten aus der Edo-Zeit mit modernem Touch an.

- *Karte H3*
- *1-4-1 Yokoami, Sumida-ku* • *3626-9974*
- *Ryogoku, Toei-Oedo-U-Bahn, JR-Sobu-Linie*
- *Di–So & Feiertage 9.30–17.30 Uhr (Sa bis 19.30 Uhr)* • *Eintritt*
- *www.edo-tokyo-museum.or.jp*

Top 10 Ausstellungen

1. Anlehnungen an den Westen
2. Fotografien aus Edo- & Meiji-Zeit
3. Tragbare Fest-Schreine
4. Daimyo-Anwesen
5. Wohnbezirke
6. Kabuki-Theater
7. Reihenhauswohnung
8. Holzdrucke
9. Nihonbashi
10. Handwerker & Stadtbewohner

1 Anlehnungen an den Westen

Tokyos Versuch, westliche Trends aufzunehmen, zeigt sich im fünften Stock an Modellen früher Gebäude europäischer Architekten und Ingenieure *(oben)*. Der Kultur der Vorkriegszeit widmen sich Ausstellungen wie »Aufkommen der Frauenarbeit«.

2 Fotografien aus Edo- & Meiji-Zeit

In der Meiji-Zeit (1868–1912) kamen die sepiafarbenen Bilder von Samurais und Rikscha-Ziehern aus der Mode und wurden von Fotografien von Straßenbahnen, Hotels im westlichen Stil, Messegeländen und Fabriken am Sumida abgelöst.

3 Tragbare Fest-Schreine

Die kunstvoll gestalteten *omikoshi (unten)* werden für traditionelle Feste gefertigt. Die tragbaren Schreine sind lackiert, vergoldet und mit Edelsteinen besetzt.

In der Edo-Zeit (1603–1867) lebten die Angehörigen verschiedener sozialer Schichten in eigenen, nach Status eingeteilten Bezirken.

4 Daimyo-Anwesen

Im sechsten Stock zeigt ein Modell *(oben)* den Sitz eines *daimyo* (Feudalherrn). Es wurde anhand alter Drucke und Pläne exakt rekonstruiert.

5 Wohnbezirke

Der sechste Stock birgt auch Modelle der Wohnbezirke der Edo-Zeit, der fünfte Stock zeigt Dörfer und Inseln, die mit Edo in Verbindung standen.

6 Kabuki-Theater

Die Rekonstruktion des Kabuki-Theaters Nakamura-za enthält Bühnenbilder aus der Mitte des 17. Jahrhunderts. Auf der Bühne stehen lebensgroße Puppen *(Mitte)* der rein männlichen Kabuki-Darsteller in herrlichen Roben und Schmuck.

7 Reihenhauswohnung

Auch heute lebt man in Tokyo beengt, doch in der Edo-Zeit mussten die Bewohner der Stadt mit extrem wenig Platz zurechtkommen. Der Nachbau einer typischen winzigen Reihenhauswohnung *(oben)* ist im fünften Stock zu sehen.

8 Holzdrucke

Der fünfte Stock beherbergt Nachbauten einer Druckerei und eines Buchladens aus der Edo-Zeit in Originalgröße. In Vitrinen sind Druckerwerkzeuge, Bücher sowie Holzdrucke *(rechts)*, die zu jener Zeit beliebt waren, zu sehen.

9 Nihonbashi

Im sechsten Stock passiert man einen nachgebauten Brückenabschnitt der Nihonbashi. Er enthält Balken und Verbindungen des Originals, das mehrmals wiederaufgebaut wurde.

10 Handwerker & Stadtbewohner

Nachbauten von Stadtwohnungen im siebten Stock und Modelle der Gewerbebezirke im fünften Stock vermitteln einen Eindruck vom Alltag des gemeinen Volks.

Kurzführer

Eintrittskarten sind im ersten Stock unter dem Hauptgebäude und im Freien auf der Terrasse im dritten Stock links vom Hauptgebäude erhältlich. Eine Rolltreppe führt in den fünften und sechsten Stock. Der sechste Stock ist der Stadt zur Edo-Zeit gewidmet, der fünfte den späten Jahren der Epoche, als Edo schließlich zu Tokyo wurde. Sonderausstellungen finden im ersten Stock statt. Dort befinden sich auch der eindrucksvolle Museumsladen und ein Sumida-Souvenirshop.

Die politische, gesellschaftliche und wirtschaftliche Neuordnung in der Meiji-Zeit (1868–1912) bereiteten Japans Weg zur Großmacht.

Ueno-Park

Inmitten eines bodenständigen Arbeiterviertels und Unterhaltungsbezirks bietet der Ueno-Park (Ueno Koen) höchsten Kunstgenuss. Mit Tempeln, Schreinen, Statuen und Grabstätten, den berühmten Kirschbäumen und einem herrlichen Seerosenteich gleicht der Park beinahe einem Miniaturmodell Japans. Der Hügel, auf dem sich Teile des Parks erstrecken, war früher ein bedeutendes religiöses Zentrum. In Meiji- und Taisho-Zeiten fanden auf dieser historischen Bühne große Kunst- und Industrieausstellungen statt – Vorläufer der heutigen hervorragenden Museen auf dem Areal. Im Frühling genießen zahlreiche Einwohner der Stadt im Park den Zauber der Kirschblüte.

Besucher vor dem Shitamachi Museum

Der Besuch des Parks lässt sich gut mit der Besichtigung des gegenüber des Shinobazu-Teichs gelegenen Yokoyama-Taikan-Museums im Haus des Malers verbinden. Dort gibt es einen hübschen Garten.

Den Weg vom großen Tor zur Insel Benten säumen Stände, die exzellente traditionelle Snacks und leichte Mahlzeiten anbieten.

- *Karte F1*
- *Ueno Koen, Taito-ku*
- *24 Std.*
- *Shitamachi Museum: 2-1 Ueno-koen; 3823-7451; Di–So 9.30–16.30 Uhr; Eintritt*

Top 10 Parkidylle

1. Toshogu-Schrein & Kara-mon
2. Benten-do
3. Gojo-Tenjinsha-Schrein
4. Saigo-Takamori-Statue
5. Shitamachi Museum
6. Ueno Zoo
7. Fünfstöckige Pagode
8. National Museum of Western Art
9. Shinobazu-Teich
10. Kirschblüte

1 Toshogu-Schrein & Kara-mon

Der üppig verzierte Schrein *(oben)* ist Ieyasu, dem ersten Tokugawa-Shogun, gewidmet. Er wurde 1651 umgebaut. Zum Schrein führt eine Reihe von Laternen aus Stein und Kupfer.

2 Benten-do

Der Tempel ist der Göttin der Schönheit geweiht, die oft beim Spiel der viersaitigen Laute dargestellt wird. Die Decke ist mit Drachen bemalt, die Wände zieren Herbstblumen.

3 Gojo-Tenjinsha-Schrein

Ein kurvenreicher Pfad führt durch mehrere rote *torii* (Tore) zu dem Schrein mit Inari-Fuchsstatuen, die mit roten Lätzen geschmückt sind *(unten)*.

Die Stein- und Kupferlaternen am Toshogu-Schrein spendeten Kriegsherren, um die Gunst des Shoguns zu erlangen.

4 Saigo-Takamori-Statue

Die 1898 enthüllte Bronzestatue *(links)* gedenkt des mächtigen Samurai Takamori, der im 19. Jahrhundert eine große Rebellion anführte. Das Bildnis zeigt ihn im Sommerkimono beim Ausführen seines Hundes.

5 Shitamachi Museum

Das Haus präsentiert neben Alltagsgegenständen wie Küchenutensilien und Möbeln auch Nachbauten von Läden und Wohnungen der Edo-Zeit.

6 Ueno Zoo

Der 1882 gegründete Zoo beherbergt Pandas, Asiatische Löwen, Königstiger und Büffel. Eine Einschienenbahn fährt zum Streichelzoo.

7 Fünfstöckige Pagode

Dachziegel aus Bronze sollen die zinnoberrote Pagode *(oben)* aus dem Jahr 1640 vor Feuer schützen. Der 37 Meter hohe Bau steht im Zoo.

8 National Museum of Western Art

Den Originalbau von 1959 entwarf Le Corbusier. Die Palette an Werken reicht von religiösen Porträts aus dem 15. Jahrhundert bis zu Miró und Pollock.

9 Shinobazu-Teich

Den südlichen Teil des Teichs bedecken im Sommer rosarote Lotosblüten. In einem Riedabschnitt leben Reiher, Lappentaucher und Tausende anderer Wasservögel.

10 Kirschblüte

Im Frühjahr findet im Ueno-Park Tokyos größtes Kirschblütenfest *(rechts)* statt. Bier, Sake, spontane Tanzeinlagen und Karaoke-Darbietungen zählen zu den Attraktionen.

Meiji-Restauration

1868 tobte auf dem Ueno-Hügel eine heftige Schlacht zwischen Anhängern des abgesetzten Shoguns und den neuen Mächten der Meiji-Restauration. Schwere Regenfälle ließen den Shinobazu-Teich so anschwellen, dass die Männer in knietiefem Wasser kämpften. Eine Kanone feuerte vom Teehaus auf einer Seite, eine andere von einer Inari geweihten Höhle. Über 300 Männer starben im Kampf.

Die Kirschblüte zählt zu den wichtigsten Daten im japanischen Kalender.

Nationalmuseum

Das Tokyo National Museum (TNM) oder Kokuritsu Hakubutsukan, bis zum Zweiten Weltkrieg als »Kaiserliches Hofmuseum« betrieben, nimmt eine große Fläche im Nordteil des Ueno-Parks ein. Die Anlage mit Höfen, Brunnen und vielen Bäumen umfasst fünf Gebäude: Honkan, Heiseikan, Toyokan, Hyokeikan und die Galerie der Horyu-ji-Schätze. Diese bergen eine der weltweit bedeutendsten Sammlungen zu japanischer Kunst und Archäologie sowie wertvolle Antiquitäten aus ganz Asien. Für die Würdigung der rund 3000 Exponate benötigt man mehr als nur einen Besuch. Im Garten neben dem Honkan kann man die Kirschblüte und im Herbst das bunte Laub bewundern.

Elegante Fassade des Honkan

Die Artikel des ausgezeichneten Museumsladens, der sich im ersten Stock des Honkan befindet, haben alle Bezug zu den Exponaten des Museums.

Die Gartenterrasse des Hotel Okura in der Galerie der Horyu-ji-Schätze ist ein hübscher Ort für ein Mittagessen. Preiswerter isst und trinkt man an den Ständen und in den Cafés im Ueno-Park.

- *Karte F1*
- *13-9 Ueno-koen, Taito-ku*
- *3822-1111*
- *Di–So 9.30–17 Uhr (Apr–Anfang Dez: Sa, So & Feiertage bis 18 Uhr)*
- *Eintritt*
- *www.tnm.jp*

Top 10 Sammlungen

1. Waffen & Rüstungen
2. Japanische Archäologie
3. Keramiken
4. Asiatische Kunst
5. Lackkunst
6. Kalligrafie
7. Horyu-ji-Schätze
8. Japanische Gemälde & Drucke
9. Textilien
10. Sakrale Skulpturen

1 Waffen & Rüstungen

Im Honkan ist die Ausstattung der einstigen militärischen Elite Japans zu bestaunen, darunter Rüstzeug wie Brustpanzer *(oben)*, Helme, Sättel und Schwertscheiden.

2 Japanische Archäologie

Die Artefakte *(links)* im Heiseikan reichen bis in die antike Jomon-Zeit (um 10 000–300 v. Chr.) zurück. Sie erlauben Besuchern einen chronologischen Blick auf die japanische Kunst.

3 Keramiken

Kyoto-Keramik und Imari-Porzellan zählen zu den japanischen Objekten *(oben)* im Honkan, das Toyokan präsentiert chinesische Artefakte von der Song- bis zur Qing-Dynastie und schön glasierte Ming-Arbeiten.

Die Keramiksammlung des Honkan zeigt auch Objekte für die Teezeremonie, darunter schöne Teeschalen aus Korea.

4 Asiatische Kunst

Die exzellente Sammlung asiatischer Kunst im Toyokan *(oben)* beinhaltet antike Bronzetrommeln, koreanische Metallarbeiten, Khmer-Töpferwaren, Textilien, Hindu-Statuen und Höhlenmalereien aus Xingling.

5 Lackkunst

Zu den nationalen Kunstschätzen und dem bedeutenden Kulturerbe im Honkan zählen die sogenannten *maki-e*, Lackarbeiten aus Epochen von der Heian- bis zur Edo-Zeit.

6 Kalligrafie

Zu den Meisterwerken im Honkan gehören die *Bokuseki*-Kalligrafien der Zen-Priester. Man muss die chinesischen Schriftzeichen gar nicht lesen können – allein ihre Schönheit fasziniert.

7 Horyu-ji-Schätze

Diese unschätzbaren Kunstwerke *(oben)*, darunter ein Wald aus stehenden Bodhisattvas vom Tempel Horyu-ji, sind in der gleichnamigen Galerie zu bewundern.

8 Japanische Gemälde & Drucke

Das Honkan präsentiert Bilder aus den klassischen Perioden von Heian bis Muromachi, schöne Malereien an Wänden und Papiertüren sowie Zen-inspirierte Tinten-Landschaften *(Mitte)*. Attraktionen aus der Edo-Zeit sind die kunstvollen Holzdrucke *ukiyo-e*.

9 Textilien

Das Toyokan besitzt eine großartige Sammlung von Textilien aus China, Korea, Südostasien, Indien, dem Nahen Osten und Ägypten. Auch indonesische Brokate mit Goldfäden sind ausgestellt. Japanische Textilien sind im Honkan zu bestaunen.

10 Sakrale Skulpturen

Sakrale Figuren *(links)* sind auf alle Gebäude verteilt. Das Toyokan birgt z. B. Bronzen, vergoldete und Sandsteinskulpturen aus Pakistan. Das Honkan präsentiert buddhistische Statuen aus Indien und Japan.

Kurzführer

Der Haupteingang des aus fünf Gebäuden bestehenden Komplexes liegt am Nordende des Ueno-Parks. Am Brunnen führt der Weg geradeaus zum Honkan, dem Hauptgebäude des Museums. Vorne rechts steht das Toyokan, das Heiseikan links hinter dem Honkan. Die Galerie der Horyu-ji-Schätze liegt links des Eingangs hinter dem Hyokeikan, einem zurzeit geschlossenen Bau für Sonderausstellungen und Lehrveranstaltungen.

Schön sind die Einlegearbeiten aus Gold und Perlmutt an Schminkkästchen und Fächern, die die Lackkunstsammlung (Honkan) birgt.

Links **Honkan** Rechts **Azekura-Sutra-Lagerhaus**

TOP 10 Attraktionen der Anlage

1 Honkan
Das elegante Hauptgebäude, Herzstück des Ueno-Parks, wurde 1938 von Jin Watanabe im »Kaiserkronenstil« errichtet. Die Architekturelemente sind japanisch, die Baumaterialien dagegen unübersehbar westlich.

2 Toyokan
Die modernistische Galerie für asiatische Kunst und Archäologie wurde 1968 von Yoshiro Taniguchi entworfen. Teile der Sammlung werden gegelegentlich in anderen Gebäuden ausgestellt.

3 Hyokeikan
Das 1909 aus weißem Stein erbaute Gebäude mit grünen Kuppeln zählt zum japanischen Kulturerbe. Es ist eindrucksvolles Beispiel westlich inspirierter Architektur der Meiji-Zeit. Besucher haben zurzeit keinen Zutritt.

Hyokeikan

4 Heiseikan
Der weite offene Hof vor dem Gebäude, das Auditorium und die Eingangshalle sind zeitgenössischen Stils. Die in dem Gebäude ausgestellten Objekte stammen aus der Antike.

Maske, Galerie der Horyu-ji-Schätze

5 Galerie der Horyu-ji-Schätze
Das Gebäude minimalistischen Stils schuf 1999 Yoshio Taniguchi, dessen Vater das Toyokan gestaltete. Zu den Arbeiten des Architekten zählt auch das Museum of Modern Art (MOMA) in New York.

6 Shiryokan
In dem Forschungs- und Informationszentrum können Besucher in Archiven, Büchern, Zeitschriften, Schwarz-Weiß- und Farbfotografien und anderen Quellen der Kunstgeschichte stöbern.

7 Kuro-mon
Das »Schwarze Tor«, das ein schweres Gratsparrendach krönt, ist ein seltenes Bauwerk aus der Edo-Zeit. Die alten Dachziegel und Grundsteine, die hinter dem Tor aufbewahrt werden, tragen zu seinem antiken Flair bei.

8 Azekura-Lagerhaus
Lagerhäuser wie diese dienten einst der Aufbewahrung buddhistischer Sutras. Das vom Tempel Gango-ji in Nara stammende Azekura-Lagerhaus wurde 1881

Das Heiseikan besitzt auch Flächen für Sonderausstellungen.

Top 10 Asiatische Kunst im Toyokan

1. Indische & Gandharan-Skulpturen (13.–2. Jh. v. Chr.)
2. Antike Bronzetrommeln (6./5. Jh. v. Chr.)
3. Chinesische Archäologie (2./1. Jh. v. Chr.)
4. Chinesische Steinreliefs aus Shangdong (1./2. Jh. n. Chr.)
5. Chinesische Keramiken (Zeit der Drei Reiche bis Tang-Dynastie; 3.–9. Jh.)
6. Zentralasiatische religiöse Höhlenmalereien (Tang-Dynastie; 7.–9. Jh.)
7. Koreanische Keramiken (9./10. Jh.)
8. Chinesische Keramiken (Song- bis Qing-Dynastie; 10.–Anfang 20. Jh.)
9. Chinesische Textilien (15.–17 Jh.)
10. Westasiatische Textilien (19. Jh.)

Kunst aus Asien

Die rund 110 000 Exponate des Nationalmuseums werden in regelmäßigem Turnus gezeigt. Auch die Schaustücke im Toyokan wechseln, sind jedoch stets in die links aufgelisteten Themen gegliedert. Die Sammlung koreanischer Kunst im Toyokan zählt zu den größten und wichtigsten weltweit.

Links **Indische Skulptur** Rechts **Chinesische Keramik**

Tokyo in der Steinzeit

Erste Siedler ließen sich an den Hügeln des heutigen Stadtteils Yamanote nieder. Das Areal bot ihnen Zugang zu reichen Fischgründen. 1877 entdeckte der amerikanische Zoologe Edward Sylvester Morse im Westen Tokyos eine vorbronzezeitliche Stätte, den Omori-Muschelhaufen. Dies war der Beginn der japanischen Archäologie.

auf die Anlage verbracht. Die Innenwände des kleinen Holzhauses zieren Bilder von Bodhisattvas und Schutzgöttern.

Statue von Edward Jenner

9 Museumsgarten & Teehäuser

Die Gärten sind der Öffentlichkeit nur während der Kirschblüte im Frühjahr und zur Laubschau im Herbst zugänglich. Wer sich zu diesen Terminen in Tokyo aufhält, sollte die Gelegenheit nutzen, den geheimen Teichgarten und die Teehäuser an der Nordseite des Honkan zu besichtigen.

10 Statue von Edward Jenner

Der britische Arzt Edward Jenner (1749–1823) entdeckte einen Impfstoff gegen Pocken. Die von einem Lehrling des Bildhauers Koun Takamura gefertigte Statue wurde 1896 zu Ehren des Mediziners aufgestellt.

Parks & Gärten **siehe S. 46f**

Koishikawa-Korakuen-Garten

Tokyos ältester Garten wurde ab 1629 im Auftrag von Tokugawa Yorifusa angelegt, einem Adeligen aus der Mito-Linie der Familie Tokugawa. Dem Gartenarchitekten Tokudaiji Sahei stand der konfuzianische Gelehrte Zhu Shunshui zur Seite, der beim Fall der Ming-Dynastie aus China geflohen war. Der Garten, einst eine Art Themenpark, diente als Erholungsstätte für die Tokugawa-Familie, die Gäste mit Spaziergängen über die Hügel, Bootsfahrten auf dem Teich und Dichtkunstdarbietungen unterhielt. Trotz einer Umgestaltung, die bis 2017/2018 andauern soll, ist das Gelände der Öffentlichkeit zugänglich.

Das üppige Reisfeld ist ideal für eine Teepause

Den Garten besucht man am besten zur Öffnungszeit um 9 Uhr. Zu dieser Tageszeit ist es ruhiger und im Sommer auch noch angenehm kühl. Der benachbarte Vergnügungspark zählt vormittags ebenfalls noch wenige Besucher.

Das Teehaus Kantoku-tei am Fluss Oigawa serviert *omatcha* (grünen Pulvertee) und traditionelle japanische Süßigkeiten.

- *Karte E2*
- *1-6-6 Koraku, Bunkyo-ku*
- *3811-3015*
- *tägl. 9–17 Uhr*
- *Eintritt*

Top 10 Gartenzauber

1. Tsuiji-Mauer
2. Lushan-Gebirge & Lotosteich
3. Reisfeld
4. Tsutenkyo-Brücke
5. Engetsukyo-Brücke
6. Kuhachiya-Haus
7. Horai-jima
8. Irisgarten
9. Innerer Garten
10. Pflaumenhaine & Yatsuhashi-Brücke

1 Tsuiji-Mauer

Die heutige Betonmauer ist eine Kopie der originalen, weiß getünchten Lehmmauer. Moos und Verfärbungen durch Umwelteinflüsse verleihen ihr Patina.

2 Lushan-Gebirge & Lotosteich

Miniaturlandschaften erinnern an Orte aus Dichtung und Mythologie. Unterhalb der Nachbildung eines Gipfels im chinesischen Lushan-Gebirge *(oben)* liegt ein Teich mit Heiligem Lotos.

3 Reisfeld

Das Reisfeld im Nordteil des Parks ist Symbol für das harte Leben der Bauern. Grundschüler pflanzen und ernten den Reis.

4 Tsutenkyo-Brücke

Die Brücke *(Mitte)*, die auf Pfählen ruhend eine tiefe Schlucht überspannt, ist ein Nachbau einer Brücke in Kyotos bedeutendem Tempelkomplex Tofuku-ji. Durch die Spiegelung im flachen Wasser wirkt sie größer.

Der Name des Gartens bedeutet »der Freuden zuletzt« und zitiert ein chinesisches Gedicht.

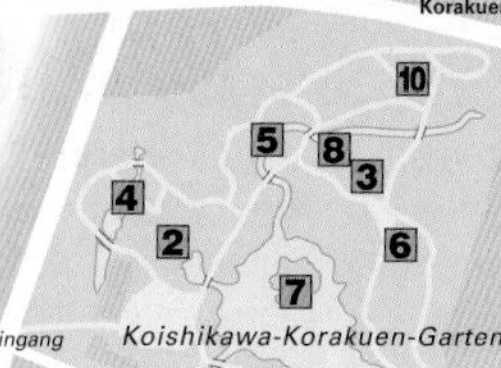

5 Engetsukyo-Brücke

Ein gewundener, von Bäumen beschatteter Pfad führt zur »Vollmondbrücke« *(oben)*. Das Bauwerk im chinesischen Stil gilt als die älteste steinerne Zierbrücke in Tokyo.

6 Kuhachiya-Haus

Die strohgedeckte Nachbildung einer Schenke aus der Edo-Zeit steht auf einer Lichtung in einem Rotkiefernwäldchen. Das im Krieg zerstörte Originalgebäude wurde 1959 wieder aufgebaut.

7 Horai-jima

Die Insel in der Mitte des Teichs verkörpert das taoistische Paradies gleichen Namens. Die Idee, eine »himmlische Insel« in einem Garten anzulegen, ersann der chinesische Kaiser Wu Di.

8 Irisgarten

Im Moor, durch das eine Zickzack-Brücke führt, blühen in der Regenzeit im Juni lila und weiße Sumpfschwertlilien *(unten)*. Das Moor wird mithilfe eines alten Systems aus Schleusen und Dämmen bewässert.

9 Innerer Garten

Der chinesische Garten *(unten)*, den die Mito-Familie zum Studieren nutzte, ist im ursprünglichen Zustand erhalten – nur ein chinesisches Tor ist verschwunden.

10 Pflaumenhaine & Yatsuhashi-Brücke

Der schöne Obstgarten an der Nordseite des Teiches trägt Anfang Februar zarte weiße Blüten. Daneben führt die achtteilige *Yatsuhashi*-Brücke im Zickzack durch das Moor des Irisgartens.

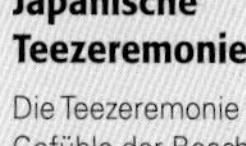

Japanische Teezeremonie

Die Teezeremonie soll Gefühle der Bescheidenheit wecken und zugleich tief empfundende Gastfreundschaft ausdrücken. Die Trittsteine, die zum Teehaus führen, verlangsamen automatisch den Schritt und beruhigen den Lebensrhythmus des Gastes, den er im Alltag erfährt. Der niedrige Eingang verlangt eine gebückte Haltung – damit werden alle Gäste auf eine soziale Ebene gestellt.

Grüner Tee kam in Form von Samen im 12. Jahrhundert aus China nach Japan und wurde zuerst in den Hügeln bei Uji angebaut.

Top 10 Meiji-Schrein

Der 1920 zu Ehren von Kaiser Meiji (1852–1912) und dessen Frau Shoken erbaute Schrein ist ein schönes Beispiel dezenter Shinto-Architektur. Das Original wurde 1945 bei einem Luftangriff zerstört, doch der heutige Nachbau ist davon nicht zu unterscheiden. Die Kieswege und Höfe der Anlage sind Schauplatz von Kulturveranstaltungen wie No- und Kyogen-Theater, höfischen Tänzen, Konzerten, Ritterspielen und Ausstellungen von Kalligrafien oder Eisskulpturen.

1 Otorii

Das zwölf Meter hohe Tor *(oben)* ist Japans größtes *torii*. Es wurde aus 1500 Jahre alten japanischen *Hinoki*-Zypressen vom Berg Alishan in Taiwan erbaut.

Stand für omikuji, *Papierstreifen mit Wahrsagungen*

Zum Schrein spaziert man zehn Minuten auf einem Kiesweg – passendes Schuhwerk ist hilfreich.

An der Grenze zum benachbarten Yoyogi-Park *(siehe S. 47)* verkaufen viele Stände Erfrischungen, japanische Snacks, Hotdogs und andere leichte Mahlzeiten.

- *Karte B5*
- *1-1 Yoyogi-Kamizono-cho, Shibuya-ku*
- *3379-5511*
- *JR-Yamanote-Linie bis Harajuku oder Chiyoda-Metro-Linie bis Meiji-Jingumae*
- *tägl. Sonnenaufgang bis Sonnenuntergang*
- *Irisgarten: tägl. 9–16 Uhr (März–Okt: bis 16.30 Uhr); Eintritt*
- *Kaiserliches Schatzhaus: Sa, So, Feiertage & bei Festivals; Eintritt*
- *www.meijijingu.or.jp*

Top 10 Gedenkstätte

1. Otorii
2. Hauptschrein
3. Ichi no Torii
4. Irisgarten
5. Votivtafeln
6. Kaiserliches Schatzhaus
7. JR-Brücke
8. Traditionelle Hochzeitsprozessionen
9. Immergrüner Wald
10. Souvenirladen

2 Hauptschrein

Besucher erreichen den eleganten, klassischen Shinto-Schrein, indem sie eines der drei kunstvoll verzierten hölzernen Tore passieren *(Mitte)*.

3 Ichi no Torii

Das »erste Tor« steht am Eingang zum Meiji-Schrein. *Torii* symbolisieren die Sitzstange des mythischen Hahns, der die Morgendämmerung ankündigte und die Sonnengöttin Amaterasu aus ihrer Höhle lockte.

4 Irisgarten

Ein hölzerner Pfad führt in einen »versunkenen Garten« *(unten)*, den dunstige Wäldchen und strohgedeckte Pavillons umrahmen. Anfang Juni blühen hier lila, rosa und weiße Schwertlilien.

Die 16-blättrigen Chrysanthemen der Medaillons am obersten Balken des Ichi no Torii sind das Symbol der kaiserlichen Familie.

5 Votivtafeln

Ema (Votivtafeln) sind bis heute beliebt, besonders bei Studenten, die um göttliche Hilfe bei Prüfungen bitten. Auch zum Dank für erfüllte Wünsche werden *ema* aufgehängt *(rechts)*.

6 Kaiserliches Schatzhaus

Die Sammlung umfasst persönliche Kunstgegenstände des Meiji-Kaiserpaars. Ein Gemälde des italienischen Künstlers Ugolini zeigt den Kaiser in einer Uniform europäischen Stils neben einem Tisch mit Vase. Im Museum steht diese Vase neben dem Gemälde.

7 JR-Brücke

Die Brücke zum Schrein ist freier Spielort für Performance-Künstler, die wie Manga- oder Anime-Figuren gekleidet, mit Rokoko-Frisuren oder auch mit Gothic-Make-up auftreten *(unten)*.

8 Traditionelle Hochzeitsprozessionen

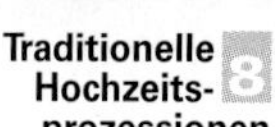

Wie Weihzeremonien und viele andere im Schrein vollzogene Rituale werden die meist samstagnachmittags stattfindenden Shinto-Hochzeiten *(rechts)* in ruhiger Formalität und dezenter Tracht vollzogen. Für Beobachter sind sie ein Erlebnis.

9 Immergrüner Wald

Das Gelände rund um den Schrein ist dicht bewaldet. Ca. 120 000 Bäume und Sträucher bilden einen natürlichen Garten mit japanischer Flora.

10 Souvenirladen

Der Laden verkauft Amulette, Räucherstäbchen, Talismane, Glückspfeile, Schlüsselringe mit Glöckchen und *Tanuki*-Figuren (Marderhunde).

Der Meiji-Kaiser

1867 erhielten die beiden britischen Gesandten Sir Harry Parkes und Algernon Mitford Audienz beim 15-jährigen Kaiser in seinem Palast in Kyoto. Der Herrscher präsentierte sich gleich einer mittelalterlichen Hoheit: weißer Brokat, zinnoberrote Seidenhosen, schwarz lackierte Zähne, rasierte Augenbrauen und rot bemalte Wangen. Ein knappes Jahr später rief er die Meiji-Ära aus. Zum Ende seiner Herrschaft war Japan eine Industrienation und militärisch so stark, dass es 1904/05 Russland besiegte.

Der Meiji-Schrein ist ein beliebter Ort für die Feierlichkeiten zum »Tag der Erwachsenen« am zweiten Montag im Januar **siehe S. 56**

TOP 10 Yanaka-Friedhof

Der Friedhof zählt zu den ältesten Tokyos. Er ist eine elegische, Ehrfurcht gebietende Stätte der Vergangenheit. Die bemoosten Grabsteine, schattigen Wege, schmiedeeisernen Tore und alten Laternen verleihen ihm fast gotischen Charakter. In dieser Oase der Ruhe scheint die Zeit stehen geblieben zu sein – nichts erinnert an die glitzernde Metropole Tokyo. Die Gräber bergen die sterblichen Überreste vieler Berühmtheiten, darunter Dichter, Schauspieler und Staatsmänner – berüchtigte wie längst vergessene.

Steinlaternen am Yanaka-Friedhof

Besucher können sich am Polizeistand einen *Chomeijin Bochi Annai-zu* aushändigen lassen – einen Plan, der zu berühmten Gräbern führt. Die Beschriftung ist japanisch, doch der diensthabende Polizist markiert gern die Gräber, die man sehen möchte.

Die nahe gelegene Gasse Yanaka Ginza säumen Handwerksläden, kleine Restaurants und Cafés. Gleich am Anfang liegt der altmodische Teeladen Chaho Kanekichi-en, der *yanaka midori*, ein erfrischendes Getränk aus gerösteten Teestängeln und *omatcha* (grünem Pulvertee) anbietet.

• Karte F1

Top 10 Eindrücke

1. Tempel Tenno-ji
2. Grab von Kazuo Hasegawa
3. Stätte der einstigen fünfstöckigen Pagode
4. Bodhisattva-, Kannon- & Jizo-Figuren
5. Züge beobachten
6. Grab von Shogun Yoshinobu
7. Ruhestätte einer Mörderin
8. Fünfstufige Grabmäler
9. Zwei Schriftstellerinnen
10. Kirschblüten

1 Tempel Tenno-ji

Der 1274 erbaute Tempel *(oben)* birgt eine große sitzende Buddha-Statue. Die weitläufige Anlage ziert ein buntes Meer aus Hortensien, Azaleen und Magnolien.

2 Grab von Kazuo Hasegawa

Kazuo Hasegawa (1908–1984) war ein berühmter japanischer Schauspieler. Wer eine bereits von ihm verkörperte Rolle spielen darf, bittet an seinem Grab um Beistand.

3 Stätte der einstigen fünfstöckigen Pagode

Seit zwei unglückliche Liebende 1957 Selbstmord begingen, indem sie die Pagode von 1644 in Brand steckten, stehen hier nur noch Reste des Baus.

4 Bodhisattva-, Kannon- & Jizo-Figuren

Zu den Skulpturen auf dem Friedhof zählen Figuren von Bodhisattvas *(links)*, von der Gnadengöttin Kannon und von Jizo, dem Beschützer der Kinder, Totgeborenen und Reisenden.

Weitere Sehenswürdigkeiten in Yanaka **siehe S. 86**

5 Züge beobachten

Am Rand des Friedhofs hat man guten Blick auf die Züge von Japan Rail *(oben)*, die am Nippori-Bahnhof vorüberrasen. Etliche Gleise, darunter auch die des Hochgeschwindigkeitszugs, verlaufen parallel.

6 Grab von Shogun Yoshinobu

Die Grabstätte *(unten)* von Tokugawa Yoshinobu (1837–1913), dem letzten japanischen Shogun, darf nicht betreten werden. Besucher können jedoch durch die schützenden Eisengitter einen Blick auf das Grab werfen.

7 Ruhestätte einer Mörderin

Die durch den Autor Robun Kanagaki berühmt gewordene Männermörderin Oden Takahashi ist am Rand des Friedhofs bestattet – als ob die Behörden zögerlich ein Grab bereitgestellt hätten.

8 Fünfstufige Grabmäler

Christliche Grabsteine stehen neben Shinto-Gräbern, die meisten Grabmäler sind aber buddhistisch. Die fünf Ebenen der *Gorin-to*-Steine stehen für Erde, Wasser, Feuer, Wind und Himmel.

9 Zwei Schriftstellerinnen

Die hier bestatteten Schriftstellerinnen, die berühmte japanische Autorin Utako Nakajima, (1841–1903) und Fumiko Enchi (1905–1986), schrieben psychologische Frauenromane.

10 Kirschblüten

Im Frühjahr verwandeln sich die Hauptpfade des Friedhofs in Hohlwege durch eine rosarote Blütenpracht *(links)*. Bei einem Picknick auf dem Gelände erlebt man zwar nicht die üblichen Karaoke-Shows, aber jede Menge gut gelaunte und beschwipste Japaner.

Großer Buddha von Yanaka

In Japan gibt es zwar größere Statuen, doch die Bewohner von Tokyo lieben ihren ganz eigenen Großen Buddha von Yanaka. Die fünf Meter hohe Statue gehört zum Tempel Tenno-ji, der bei der Schlacht von Ueno 1868 zerstört wurde. Da die Figur die Kämpfe unbeschadet überstand, gilt sie als besonders mächtig. Die 1690 in Bronze gegossene Statue mit dem fein gestalteten Gesicht verkörpert den Shaka-nyorai-Buddha. Sie steht in einer ruhigen Ecke des Tempelbezirks inmitten von üppigem Grün.

Kirschblütenfest im Ueno-Park **siehe S. 17**

Top 10 Odaiba

Wenn Megastädten an der Küste der Platz ausgeht, dehnen sie sich unweigerlich ins Meer aus. Beim Blick aus der Luft wird deutlich, dass Tokyo seine natürlichen Grenzen vollständig ausgeschöpft hat. Vor der Küste wurde deshalb eine Reihe von präzise geometrisch geformten Inseln angelegt. Die Ausstellungspavillons, Shopping Malls, Spielhallen, Cafés, Restaurants und surrealen Bauwerke auf der künstlichen Insel Odaiba beeindrucken Besucher mit einer Architektur, die aus der Zukunft zu kommen scheint.

Fassade von Aqua City

An Werktagen ist Odaiba meist ruhiger.

Die Decks Tokyo Brewery lädt zu einem Bier ein. Auch das Teehaus Thé Chinois Madu im Venus Fort lohnt den Besuch.

• Karte D2 • Oedo Onsen Monogatari: 2-6-3 Aomi, Koto-ku; 5500-1126; tägl. ab 11 Uhr; Eintritt • Tokyo Big Sight: 3-21-2 Ariake, Koto-ku; 5530-1111 • Mega Web: 1 Aomi, Koto-ku; tägl. 11–21 Uhr • Fuji TV Building: 2-4-8 Daiba, Minato-ku; 5500-8888; Di–So 10–20 Uhr; Eintritt • Sony ExploraScience: Mediage, 5. Stock, 1-7-1 Daiba, Minatoku; 5531-2186; tägl. 11–19 Uhr; Eintritt; www.sonyexplorascience.jp • Miraikan (National Museum of Emerging Science and Innovation): 2-3-6 Aomi, Koto-ku; 3570-9151; Mi–Mo 10–17 Uhr; Eintritt

Top 10 Inselwelt

1. Oedo Onsen Monogatari
2. Tokyo Big Sight
3. Decks & Aqua City
4. Mega Web
5. Fuji TV Building
6. West Promenade
7. Sony ExploraScience
8. Palette Town
9. Miraikan
10. Rainbow Bridge

1 Oedo Onsen Monogatari

Das Thermalbad *(oben)* lockt mit lauwarmen bis heißen Quellen, Becken im Freien, Sauna, einem dampfenden Sandbad, Fußmassagen und einem Bett aus heißen Steinen.

2 Tokyo Big Sight

Im achten Stock des riesigen Ausstellungszentrums *(oben)* liegt die Observation Bar Lounge. Das Bauwerk besteht aus vier auf den Kopf stehenden Pyramiden auf kleiner Grundfläche.

3 Decks & Aqua City

Die Tokyo Decks sind ein hölzerner Boulevard mit Läden, Restaurants und Cafés. Die Shopping Mall Aqua City bietet zudem Kino, Video-Arkaden und ein Theater.

4 Mega Web

Toyota sorgt mit Probefahrten neuer Modelle, Fahrsimulatoren und einem Automobilmuseum für Unterhaltung im weltgrößten Auto-Showroom *(links)*.

Das Miraikan (National Museum of Emerging Science and Innovation) im Internet **www.miraikan.jst.go.jp**

5 Fuji TV Building

Zwei Blöcke des von Kenzo Tange entworfenen Baus *(unten)* sind durch Laufgänge und eine titanverkleidete Kugel verbunden. Damit gleicht das Gebäude einem riesigen Fernseher.

6 West Promenade

An der West Promenade befindet sich ein über einer polierten Marmorfläche auskragender Skulpturengarten *(Mitte)*. Die Werke aus Carbon und beleuchteten Stangen schuf Makoto Sei Watanabe.

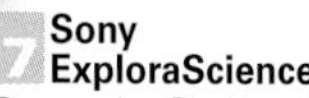

7 Sony ExploraScience

Das an den Decks gelegene Zentrum bietet mit interaktiven Exponaten Jung und Alt die Möglichkeit, sich auf unterhaltsame Weise mit Themen rund um die Technologie zu beschäftigen.

8 Palette Town

Zu dem Komplex mit Läden, Showrooms und Unterhaltungsangeboten gehört auch die imposante Shopping Mall VenusFort *(unten)*, die Designerboutiquen birgt.

9 Miraikan

Das in einem futuristischen Gebäude ansässige National Museum of Emerging Science and Innovation informiert über Raumfahrt, Biowissenschaften und modernste Technologien *(unten)*.

10 Rainbow Bridge

Abends ist die elegante Brücke vor der Kulisse eines gigantischen Riesenrads schön beleuchtet. Im Sommer wird bei den Brückenpfeilern ein Feuerwerk gezündet.

Verteidigung der Bucht

In der Edo-Zeit ließ die Tokugawa-Regierung Inseln als Kanonenstellungen aufschütten, um Tokyo vor Invasoren zu schützen. Die Furcht war wohlbegründet: In den 1850er Jahren steuerten schwer bewaffnete Schiffe unter US-Admiral Matthew Perry in die Bucht von Edo *(siehe S. 32)*. Insgesamt entstanden in damaliger Zeit fünf solcher Geschützinseln – zwei sind verblieben.

An der Decke des Venus Fort in Palette Town wird der sachte Farbwechsel des Himmels in der Dämmerung nachgeahmt.

Links **Aufräumarbeiten nach dem U-Bahn-Anschlag der Omu Shinrikyo** Rechts **Tempel Senso-ji**

TOP 10 Historische Ereignisse

1 Gründung des Tempels Senso-ji

Die goldene Figur der Göttin Kannon, die zwei Fischer 628 in ihren Netzen fanden, stand in einem Schrein an der Stätte des heutigen Tempels Senso-ji. Der mehrmals umgebaute Tempel wurde 1945 bei Luftangriffen zerstört und aus Stahlbeton neu errichtet.

2 Ota Dokans Festungsbau

Die Musashino-Ebene wurde 1456 durch den Lehnsherrn Ota Dokan erschlossen. Dokan baute eine Burg an einem Ort namens Edo (»Mündung ins Meer«). Eine Statue des Stadtgründers steht am Tokyo International Forum in Yurakucho.

3 Gründung von Edo

Die Entwicklung Edos von einem Dorf zur faktischen militärischen Hauptstadt von Japan begann mit der Ankunft des späteren Shoguns Tokugawa Ieyasu 1590. Das Land wurde urbar gemacht, Wasserläufe wurden erweitert und Residenzen sowie eine massive Zitadelle, die Burg Edo, errichtet.

4 Meireki-Feuer

1657 verbrannten Priester in Hongos Tempel Hommyo-ji einen Kimono, der zwei Mädchen gehört hatte, die gestorben waren, bevor sie alt genug waren, ihn zu tragen. Eine Bö wehte den Kimono davon. Es gab eine Brandkatastrophe mit über 100 000 Toten.

5 Die 47 Ronin

1701 beging der Daimyo Asano rituellen Selbstmord, weil er am Hof des Shoguns eine Waffe gezogen hatte. Seine nun herrenlosen Samurai – die *ronin* – rächten Asano, indem sie seinen Feind Fürst Kira töteten und dessen Kopf auf Asanos Grab legten. Danach mussten sich auch die 47 loyalen Samurai selbst töten.

6 Perrys »schwarze Schiffe«

Am 8. Juli 1853 fuhr Admiral Matthew Calbraith Perry mit vier Kriegsschiffen in die Bucht von Edo ein, um diplomatische und wirtschaftliche Beziehungen »anzuregen«. Die »schwarzen Schiffe« sollten dabei westlichen Fortschritt und die Rückständigkeit Japans demonstrieren.

Gemälde von Admiral Perrys »schwarzen Schiffen«

7 Großes Kanto-Erdbeben

Am 1. September 1923 um 11.58 Uhr – die Menschen bereiteten auf Holzkohlegrills oder Gasöfen gerade das Mittagessen zu – erschütterte ein Erdbeben

Vorhergehende Doppelseite **Blühende Azaleen im Ome-Garten**

der Stärke 7,9 auf der Richterskala die Stadt. Rund 100 000 Menschen verbrannten oder wurden von den Trümmern erschlagen, 45 Prozent der Gebäude wurden zerstört. Nur wenige Spuren der Vergangenheit verblieben.

8 Luftangriffe auf Tokyo

Im Zweiten Weltkrieg flog die US-Luftwaffe 102 Angriffe auf Tokyo. Der schlimmste erfolgte in der Nacht auf den 10. März 1945: Mehr als 300 Napalmbomben wurden dabei über dicht besiedelten Wohngebieten im Osten der Stadt abgeworfen – zwischen 80 000 und 100 000 Zivilisten kamen ums Leben.

Der umstrittene Autor Yukio Mishima

9 Mishimas Selbsttötung

Im Jahr 1970 nahm der rechtsextreme Schriftsteller im Hauptquartier der Verteidigungsstreitkräfte eine Geisel und forderte die Restauration der kaiserlichen Macht. Als der Coup fehlschlug, tötete er sich gemäß der Samurai-Tradition selbst.

10 Anschlag der Omu Shinrikyo in der U-Bahn

Am 20. März 1995 stellten Mitglieder der »Aum-Sekte« auf Befehl ihres Führers Asahara Shoko Plastiktaschen mit dem flüssigen Nervengas Sarin in fünf Wagen der Tokyoter U-Bahn ab. Zwölf Passagiere starben, Hunderte wurden verletzt.

Top 10 Berühmte Tokyoter

1 Katsushika Hokusai
Der berühmte Holzdruckkünstler (1760–1849) fertigte 30 000 Skizzen an und veröffentlichte 500 Bücher.

2 Soseki Natsume
Natsume (1867–1916) gilt vielen als Japans größter Schriftsteller. Einige seiner Romane spielen in Tokyo.

3 Yukio Mishima
Der umstrittene Schriftsteller (1925–1970) vollendete an seinem Todestag die Tetralogie *Das Meer der Fruchtbarkeit.*

4 Junichiro Tanizaki
Sexualität, westliche Moderne und Materialismus sind Themen in Tanizakis (1886–1965) Romanen.

5 Kafu Nagai
Der Chronist der Tokyoter Halbwelt (1879–1959) verfolgte den Wandel der Stadt.

6 Ichiyo Higuchi
Die großartige Schriftstellerin (1872–1896) starb an Tuberkulose. Ihr Gesicht ziert den 5000-Yen-Schein.

7 Yasujiro Ozu
Der legendäre Filmregisseur (1903–1963) beschrieb in *Die Reise nach Tokyo* den Kollaps der japanischen Familie.

8 Akira Kurosawa
Japans bekanntester Filmemacher (1910–1998) inspirierte sowohl Steven Spielberg als auch George Lucas.

9 Yoko Ono
Ono (geb. 1933) war schon vor ihrer Ehe mit John Lennon eine bekannte Künstlerin, Musikerin und Filmemacherin.

10 Ryuichi Sakamoto
Der Komponist (geb. 1952) schrieb u. a. die Musik für Bertoluccis oscargekrönten Film *Der letze Kaiser.*

Tokyo wird im Jahr 2020 Austragungsort der Olympischen Sommerspiele sein.

Links **Tokyo Metropolitan Museum of Photography** Rechts **Modell im Edo-Tokyo Museum**

TOP 10 Museen

1 Edo-Tokyo Museum

Das exzellente Museum dokumentiert die Geschichte der Stadt vom einstigen Fischerdorf Edo bis zur heutigen Metropole. Die Exponate und Modelle zeigen Tokyos Entwicklung und behandeln auch Naturkatastrophen und andere Tragödien *(siehe S. 14f)*.

2 Advertising Museum Tokyo (ADMT)

Das weitläufige Museum wird von Dentsu, Japans größter Werbeagentur, gesponsert. Es illustriert anhand von äußerst kreativen Arbeiten die lange Geschichte der Werbegrafik in Japan. In einem Fernsehraum können sich Besucher die verschiedensten Werbeclips ansehen *(siehe S. 74f)*.

Advertising Museum Tokyo

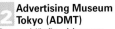

Urne, Idemitsu Museum of Arts

3 Idemitsu Museum of Arts

Das Museum besitzt eine der schönsten Sammlungen japanischer und asiatischer Kunst in Tokyo. Die Objekte – Keramiken aus China, Korea und Japan, antike Töpferwaren, Kalligrafien, Goldmalereien – werden im Wechsel gezeigt *(siehe S. 73)*.

4 Japan Folk Crafts Museum

Das auch Nippon Mingeikan genannte Museum zeigt Holz-, Metall- und Glasarbeiten, Keramiken, Textilien und Möbel aus Japan, China, Korea und Taiwan.

Karte C2 • 4-3-33 Komaba, Meguro-ku • 3467-4527 • Di–So 10–17 Uhr • Eintritt • www.mingeikan.or.jp

5 Token Hakubutsukan

Über 30 der in dem Museum ausgestellten 120 Schwerter sind nationales Kulturerbe. Sie sind vermutlich die schönsten tödlichen Waffen, die je gefertigt wurden. Der Verein zum Erhalt der Schwertschmiedekunst, der das Museum betreibt, bildete sich 1948, als unter der US-Besatzung Schwerter konfisziert wurden.

Karte A4 • 4-25-10 Yoyogi, Shibuya-ku • 3379-1386 • Di–So 9–16.30 Uhr • Eintritt • www.touken.or.jp

6 Mori Art Museum

Das Museum präsentiert Kunst in ihrem kulturellen Kontext – von Videoarbeiten, Installationen, Architektur, japanischer

Das Japan Folk Crafts Museum befindet sich im schönen Haus des Volkskunstexperten Soetsu Yanagi aus der Vorkriegszeit.

Konzeptkunst und Pop-Art bis zu Retrospektiven britischer Kunst. Die bisweilen umstrittenen Ausstellungen wechseln regelmäßig. *Karte C6 • Mori Tower, 53. Stock, 6-10-1 Roppongi, Minato-ku • 5777-8600 • tägl. 10–22 Uhr (Di bis 17 Uhr; Jan–Apr 2015 wg. Renovierung geschl.) • Eintritt • www.mori.art.museum*

7 Tokyo Metropolitan Museum of Photography

Das Museum zeigt Werke großer japanischer und westlicher Foto- und Videokünstler. Anhand von 30 000 Bildern und Objekten wird auf fünf Etagen die Geschichte der Fotografie dokumentiert. Sonderausstellungen zeigen Arbeiten der besten Fotografen der Welt. *Karte C2 • Yebisu Garden Place, 1-13-3 Mita, Meguro-ku • 3280-0099 • Di–So 10–18 Uhr (Do & Fr bis 20 Uhr) • Eintritt je nach Ausstellung • www.syabi.com*

8 Nationalmuseum

Das Museum beherbergt die weltweit größte Sammlung japanischer Kunst und Antiquitäten. Die Dauerausstellung japanischer Exponate sieht man im Honkan, archäologische Fundstücke im Heiseikan, Kunst aus China, Korea und Zentralasien im Toyokan

Heiseikan, Nationalmuseum

und buddhistische Schriftrollen und Skulpturen in der Galerie der Horyu-ji-Schätze *(siehe S. 18–21)*.

9 Toguri Museum of Art

Das Kunstmuseum besitzt über 7000 wunderbare asiatische Porzellanarbeiten und zeigt sie im saisonalen Wechsel. Der hübsche kleine Garten trägt dazu bei, dass man das geschäftige Shibuya weit entfernt wähnt *(siehe S. 96)*.

10 Ukiyo-e Ota Memorial Museum of Art

Das Museum präsentiert die riesige Privatsammlung von *Ukiyo-e*-Holzdrucken in immer wieder neuen Ausstellungen. Die Drucke vermitteln einen farbenfrohen Eindruck vom Alltagsleben in Edo, zeigen Straßen und Fischmärkte ebenso wie die Vergnügungsviertel *(siehe S. 95)*.

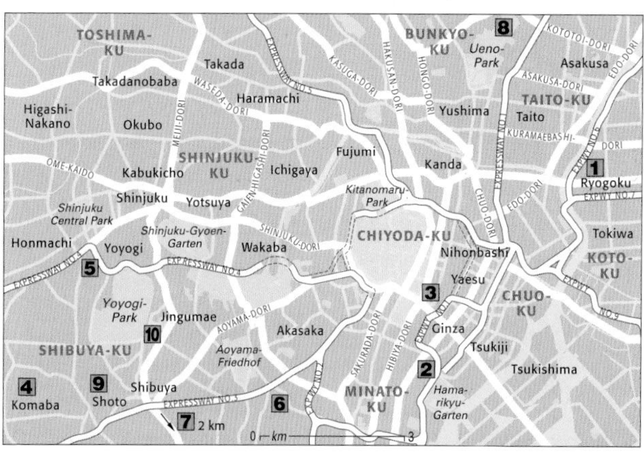

Kunstgalerien **siehe S. 38f**

Links **Nikolai-Kathedrale** Mitte **Namensteine, Nezu-Schrein** Rechts **Tempel Gokoku-ji**

TOP 10 Gebetsstätten

1 Tempel Sengaku-ji

Die Gräber der 47 loyalen *ronin* (herrenlose Samurai), die den Tod ihres Herrn rächten und sich anschließend selbst töteten *(siehe S. 32)*, werden noch immer von Besuchern geehrt. Der Tempel stammt aus dem Jahr 1612. Die Haupthalle wurde 1945 bei Luftangriffen zerstört, der Nachbau ist eine detailgetreue Kopie *(siehe S. 110)*.

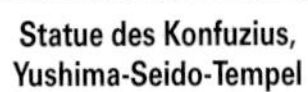

Statue des Konfuzius, Yushima-Seido-Tempel

2 Tempel Gokoku-ji

Das – im modernen Tokyo seltene – historische Gebäude wurde 1681 von Tsunayoshi, dem fünften Shogun, erbaut und zählt zum Kulturerbe. Interessante Elemente sind etwa der hölzerne Glockenturm und eine alte zweistöckige Pagode. Trotz der historischen Bedeutung ist die Tempelanlage wenig besucht. *Karte C1 • 5-40-1 Otsuka, Bunkyo-ku • 3941-0764*

3 Tempel Senso-ji

Das große Sakralgebäude wurde nach dem Zweiten Weltkrieg rekonstruiert. Es bildet den Mittelpunkt des Asakusa-Bezirks. Das geschwungene Dach der Haupthalle ist schon vom Kaminari-mon, dem großen Eingangstor der Anlage, aus zu sehen. In der Haupthalle tragen brennende Kerzen, Räucherstäbchen und Votivtafeln zur andächtigen Atmosphäre bei *(siehe S. 10f)*.

4 Hie-Schrein

Das Bauwerk wurde 1658 als Schutzschrein der Burg Edo errichtet, bei Luftangriffen zerstört und 1967 wiederaufgebaut. Im Lauf der Zeit hatten Shogune als Zeichen des Dankes viele kostbare Schwerter und heilige Pferde für den Schrein gespendet. Ein Tunnel aus orangefarbenen Toren *(torii)* führt zur Anlage *(siehe S. 90)*.

5 Yushima-Seido-Tempel

Einer der wenigen konfuzianischen Tempel in Tokyo wurde 1632 gegründet, der heutige Bau mit dem großen steinernen Hof stammt aber von 1935. Neben dem Haupttor steht eine Konfuzius-Statue. *Karte F3 • 1-4-25 Yushima, Bunkyo-ku • 3251-4606 • 9.30–17 Uhr (Okt–März bis 16 Uhr)*

6 Kanda-Myojin-Schrein

Der nach den Originalplänen von 1616 aus Beton nachgebaute Schrein besitzt ein grün oxidier-

Haupttor zum Kanda-Myojin-Schrein

Der Kanda-Myojin-Schrein ist dem Rebellen Taira no Masakado geweiht.

les Dach, ein *torii* (Tor) aus Kupfer und ein verziertes Haupttor. *Karte F3 • 2-16-2 Soto-Kanda, Chiyoda-ku • 3254-0753*

7 Yasukuni-Schrein

Politik und Religion gehen in diesem, den Seelen der japanischen Kriegsgefallenen geweihten Schrein eine unheilige Allianz ein. Sehenswerte Elemente des Bauwerks von 1869 sind das imposante *torii* (Tor), Kirschbäume, ein Teichgarten und ein Teehaus. *Karte D3 • 3-1-1 Kudankita, Chiyoda-ku • 3261-8326 • 6–17 Uhr*

8 Nezu-Schrein

Der 1706 unter dem fünften Shogun Tsunayoshi errichtete Schrein ist der Reisgöttin Inari geweiht. Viele Originalbauten der Anlage sind noch erhalten. Hohe Zedern, Ginkgo-Bäume und ein Karpfenteich sorgen für ein naturnahes Ambiente. Ein bemaltes Tor, orangefarbene *torii* und bunte Fahnen bringen Farbe in die eindrucksvolle Anlage. *Karte E1 • 1-28-9 Nezu, Bunkyo-ku • 3822-0753*

9 Meiji-Schrein

Der im reinsten Shinto-Stil erbaute Schrein ist den Seelen von Kaiser Meiji und seiner Frau

Tor zum Meiji-Schrein

geweiht. Stiltypische Merkmale sind der kiesbedeckte Vorplatz, die Zypressensäulen und die klare Linienführung der Haupthalle, auf der ein majestätisch ausladendes Kupferdach thront *(siehe S. 24f)*.

10 Nikolai-Kathedrale

Die russisch-orthodoxe Kirche Nikolai-do, eine Besonderheit unter den Gotteshäusern der Stadt, wurde Ende des 19. Jahrhunderts mit Geldern des russischen Zaren nach Plänen des englischen Architekten Josiah Conder erbaut. Sie ist nach ihrem Gründer, dem hl. Nikolai Kassatkin, der im 19. Jahrhundert als Missionar Tausende Japaner auf der nördlichen Insel Hokkaido christianisierte, benannt. *Karte F3 • 4-1 Kanda-Surugadai, Chiyoda-ku • 3295-6879 • Di–Sa 13–16 Uhr*

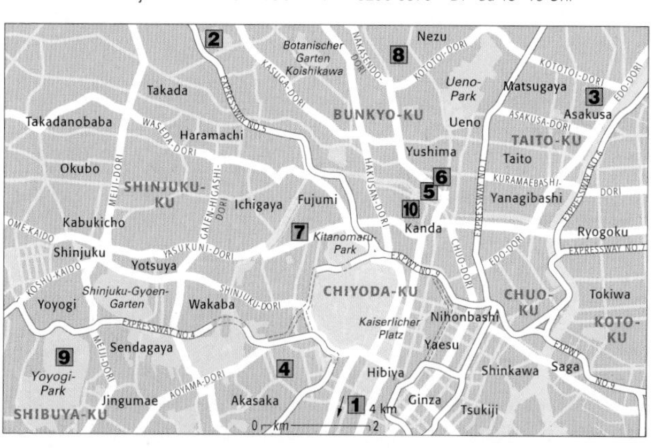

In der Freianlage des Yasukuni-Schreins finden Veranstaltungen mit traditioneller Musik, Tanz und Sumo-Ringkämpfen statt.

Links **Spiral** Rechts **Gallery Ma**

TOP 10 Kunstgalerien

1 21_21 Design Sight

Issey Miyakes Werk inspirierte den Architekten Ando Tadao zu dem großartigen Bauwerk. Die Galerie mit Atelier, die auch als Forschungszentrum fungiert, bringt Künstler mit Firmen und potenziellen Käufern zusammen. *Karte C5 • 9-7-6 Akasaka, Minato-ku • 3475-2121 • Mi–Mo 11–20 Uhr • Eintritt • www.2121designsight.jp*

2 Spiral

Die multifunktionale Galerie für Kunst, Musik, Film und Theater wurde von dem führenden Architekten Fumihiko Maki entworfen. Vom eleganten Café im ersten Stock führt eine Rampe in einer Spirale zu den Haupträumen *(siehe S. 95)*.

3 Pentax Forum

Die vielseitige Galerie zeigt Werke japanischer und internationaler Fotografen – von dokumentarischen Schwarz-Weiß-Bildern bis zu digitalisierten semigrafischen Arbeiten. Technikinteressierte können nach Herzenslust mit der ausgestellten Ausrüstung herumprobieren *(siehe S. 103)*.

4 P3 – Art and Environment

Ziel der Galerie ist, mithilfe der Kunst die Umwelt zu erforschen. Gezeigt werden dokumentarische Arbeiten, Videokunst und Klanginstallationen. Vergangene Ausstellungen waren z. B. »Project for Humankind« und »Project for Extraterrestrials«. *Karte C3 • Annex Building, 1. Stock, 4-34-1 Yotsuya, Shinjuku-ku • 3353-6866 • tägl. 10–18 Uhr • www.p3.org*

5 The Tolman Collection

Die Galerie birgt mehr als 2000 moderne japanische Drucke, Aquatinten, Radierungen und Lithografien, darunter signierte und nummerierte Werke von Künstlern wie Shingo Araki und Miki Gojo. *Karte E6 • 2-2-18 Shiba Daimon, Minato-ku • 3434-1300 • Mi–Mo 11–19 Uhr • www.tolmantokyo.com*

Pentax Forum

The Tolman Collection präsentiert einzigartige Holzdrucke des 2007 verstorbenen Amerikaners Clifton Karhu.

LIXIL Gallery

6 LIXIL Gallery

Die Galerie für Design gehört der LIXIL Corporation, einem Hersteller von Fliesen und Sanitäreinrichtungen. Die Schauobjekte reichen von Keramiken bis zu Videoinstallationen. Zwei Ausstellungen im zweiten Stock widmen sich Architektur, Design und modernen Kunstformen *(siehe S. 76)*.

7 SCAI The Bathhouse

Die Galerie ist in einem umgebauten Badehaus aus der Edo-Zeit im reizenden Altstadtbezirk Yanaka untergebracht. Sie stellt Werke renommierter japanischer Künstler aus. Außerdem unterstützt sie ausländische Künstler dabei, in Japan bekannt zu werden. *Karte F1 • 6-1-23 Kashiwayu-Ato, Yanaka • 3821-1144 • Di–Sa 12–18 Uhr • www.scaithebathhouse.com*

8 Gallery Ma

Toto, der Hersteller von Badezimmerausstattungen, gründete mit der Gallery Ma einen der besten und größten Präsentationsräume für moderne Architektur. Vergangene Ausstellungen stellten u. a. die umweltbewussten Entwürfe von Glenn Murcutt, Arbeiten des chinesischen Architekten Yung Ho Chang und die erdbebensicheren Kuppeln des Spaniers Felix Candela vor. *Karte C6 • 1-24-3 Minami-Aoyama, 3. Stock, Minato-ku • 3402-1010 • Di–Do 11–18 Uhr, Fr 11–19 Uhr • www.toto.co.jp/gallerma*

9 Tokyo Wonder Site Shibuya

Die von der Stadt Tokyo betriebene Galerie hat es sich zum Ziel gesetzt, aufstrebende junge Künstler bekannt zu machen. Mit häufig wechselnden Ausstellungen auf drei Stockwerken und kulturellen Veranstaltungen repräsentiert das Haus ein äußerst reges künstlerisches Umfeld. *Karte A6 • 1-19-8 Jinnan, Shibuya-ku • 3463-0603 • Di–Sa 11–19 Uhr • www.tokyo-ws.org/english/shibuya/index.html*

10 Zeit-Foto Salon

Die Fotogalerie, eine der ältesten Tokyos, besitzt eine riesige Sammlung, die neben Bildern aus dem 19. Jahrhundert auch Arbeiten von Meistern wie Man Ray und Lee Friedlander umfasst. Die Ausstellungen, ob von umstrittenen japanischen Fotografen wie Ryoko Suzuki oder internationalen Künstlern, sind immer anregend. *Karte P2 • Matsumoto Building, 4. Stock, 1-10-5 Kyobashi, Chuo-ku • 3535-7188 • Di–Fr 10.30–18.30 Uhr, Sa 10.30–17.30 Uhr • www.zeit-foto.com*

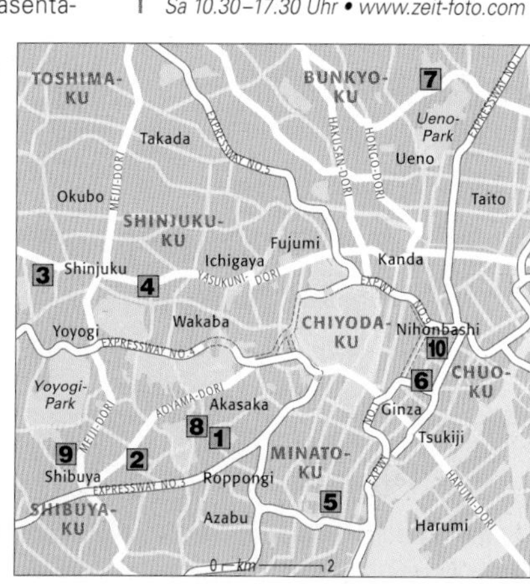

Museen in Tokyo siehe S. 34f

Links **Asakusa Imahan** Mitte **Yoshiba** Rechts **Bird Land**

Top 10 Restaurants

1 Asakusa Imahan

Der Anbieter von Rindfleischgerichten eröffnete 1895 sein erstes Restaurant. Spezialität des Hauses ist *shabu-shabu*, hauchdünne Rindfleischstreifen, die am Tisch in heißem Wasser gegart und mit Gemüse der Saison serviert werden. Die Gäste sitzen an niedrigen Tischen auf *Tatami*-Matten *(siehe S. 87)*.

2 Sushi Ouchi

Küchenchef Hisashi Ouchi verwendet nur natürliche Zutaten und verzichtet auf Glutamat und chemische Zusatz- und Farbstoffe. Essig, Sojasaucen, *Miso*-Suppe und grüner Tee sind allesamt Bioprodukte. Sie werden zu Seriola, Thunfisch und Meeraal serviert. *Karte A6 • 2-8-4 Shibuya, Shibuya-ku • 3407-3543 • tägl. 11.30–13.30 Uhr & 17.30–21.30 Uhr • ¥¥¥*

Sushi-Platte im Sushi Ouchi

3 Yoshiba

Chankonabe, ein kräftiger Eintopf aus Hühnchen, Fisch und Gemüse, ist Hauptspeise der Sumo-Ringer und Spezialität des Lokals. Ringer aus den nahegelegenen Sumo-Schulen sind Stammgäste. *Karte H3 • 2-14-5 Yokoami, Sumida-ku • 3623-4480 • Mo–Sa 11.30–13.30 Uhr & 17–22 Uhr • ¥¥*

4 Bird Land

Das Lokal ist für die köstlichen *yakitori* berühmt – über Holzkohle gegrillte Hähnchenspieße, die mit leicht süßer Sojasauce begossen werden. Die Fleischstücke sind kleiner als bei türkischen oder zentralasiatischen Kebabs. Dazu schmeckt japanisches Fassbier *(siehe S. 79)*.

5 Kanda Yabu Soba

Das alteingessesene Restaurant serviert klassische handgemachte *soba* (Buchweizennudeln) wie zur Edo-Zeit mit einfachen Beilagen aus gegartem oder eingelegtem Gemüse. Das Holzhaus hat historisches Flair. *Karte F3 • 2-10 Kanda-Awajicho, Chiyoda-ku • 3251-0287 • 11.30–19.30 Uhr • ¥¥¥*

Kanda Yabu Soba

Hantei

6 Hantei

Hantei ist auf leckere *kushiage* spezialisiert – frittierte Spieße mit Fleisch, Fisch und Gemüse, die mit kleinen Beilagen serviert werden. Da es jeweils nur sechs verschiedene Spießchen gibt, kann man gut auf eine englischsprachige Karte verzichten *(siehe S. 87).*

7 Kanetanaka-an

Kaiseki, Japans Haute Cuisine, kann teuer sein. Das Restaurant serviert seine exquisiten Gerichte in mehreren Gängen. Da frische, vorwiegend saisonale Zutaten verwendet werden, wechselt die Speisekarte wöchentlich. *Karte M4 • Kanetanaka Building, 2. Stock, 7-6-16 Ginza, Chuo-ku • 3289-8822 • Mo–Sa 11.50–14 Uhr & 17.30–22 Uhr • ¥¥ (mittags), ¥¥¥ (abends)*

8 Sasanoyuki

Vielen Einwohnern Tokyos gilt das Sasanoyuki als bestes Tofu-Restaurant der Stadt. Die illustre Geschichte des Restaurants, das seit der Edo-Zeit besteht, ist mit der damaligen kaiserlichen Familie und dem höchsten Priester des Tempels Kanei-ji verbunden. Die Atmosphäre ist dennoch entspannt und der Service unprätentiös *(siehe S. 87).*

9 Maisen

Die Restaurantkette ist für delikate *tonkatsu* bekannt. Die frittierten Schweinekoteletts werden mit einer hauseigenen Sauce zum Eintunken auf einem Bett aus Kohlstreifen, mit Reis und mit *Miso*-Suppe serviert. Wer kein Fleisch mag, wählt etwa köstliche gebratene Garnelen oder Austern, die mit Zitrone beträufelt werden. Diese Maisen-Filiale befindet sich in einem umgebauten Badehaus *(siehe S. 99).*

10 Nobu Tokyo

Küchenchef Nobu Matsuhisa besitzt internationales Renommee. Zu den japanischen Gerichten mit süd- oder nordamerikanischer Note zählt Schwarzer Zackenbarsch mit *Miso*-Suppe. *Karte K5 • Toranomon Towers Office, 1. Stock, 4-1-28 Toranomon, Minato-ku • 5733-0070 • Mo–Fr 11.30–14 Uhr & 18–22.30 Uhr, Sa 18–22.30 Uhr, So & Feiertage 18–22 Uhr • ¥¥¥¥*

Cafés & Bars siehe S. 42f

Links **Sasagin** Rechts **Matcha-Tee in einer traditionellen Teeschale**

TOP 10 Cafés & Bars

1 Kamiya Bar

Die älteste Bar westlichen Stils in Tokyo besteht seit 1880. Sie wurde von Kamiya Denbei gegründet, der auch Japans erste Branntweindestillerie errichtete. Markenzeichen der früher bei Künstlern und Schriftstellern beliebten Bar ist *denki-bran*, ein Cocktail aus Cognac, Gin und Wein. *Karte R2 • 1-1-1 Asakusa, Taito-ku • 3841-5400 • Mi–Mo 11.30–22 Uhr*

2 TwentyEight

Die Bar im 28. Stockwerk des Hotels Conrad Tokyo bietet exzellente Cocktails. Leise Pianomusik und die herrliche Aussicht auf die Bucht von Tokyo sorgen für ein romantisches Ambiente. *Karte M6 • Conrad Tokyo, 1-9-1 Higashi-Shimbashi, Minato-ku • 6388-8745 • tägl. 8–24 Uhr*

3 Quons

Die Bar des eleganten Lokals ist mit gemütlichen Sofas und Ledersesseln ausgestattet, die Dachterrasse weist Imitationen balinesischer Möbel auf. Wer sich den Haus-Champagner nicht leisten mag, kann die preiswerteren französischen und argentinischen Weine oder die originellen Cocktails versuchen. Das Speisenangebot ist vorwiegend asiatisch. *Karte B6 • 5-51-6 Jingumae, 2. Stock, Shibuya-ku • 5468-0633 • Mo–Sa 18–4 Uhr (Fr & Sa bis 5 Uhr), So & Feiertage 17–4 Uhr*

4 Awamori

Awamori ist ein feuriger Reisschnaps aus Okinawa. Die gleichnamige Bar bietet 150 verschiedene Sorten der Spirituose. Das Personal ist gern bei der Auswahl behilflich. Am besten trinkt man *awamori* auf Eis mit einer Scheibe Okinawa-Limone. *Karte N5 • 7-17-18 Higashi-Ginza, Chuo-ku • 3543-9256 • Mo–Fr 11.45–14.30 Uhr & 18–23.30 Uhr, Sa 17.30–23 Uhr*

5 Hobgoblin Shibuya

Die Bar zählt zu den beliebtesten Treffpunkten in Shibuya. Zur Auswahl stehen Biersorten aus aller Welt. Als Filiale einer britischen Kette bietet sie authentische Pub-Atmosphäre. *Karte R5 • Ichiban Building, 1-3-11 Dogenzaka, Shibuya-ku • 6415-4244 • Mo–Fr ab 17 Uhr, Sa, So & Feiertage ab 12 Uhr*

TwentyEight

6 Sasagin

Die Bar eignet sich hervorragend, um die Vielfalt japanischen Sakes zu kosten – von

Achtung: Der süffige awamori *hat zwischen 25 und 50 Prozent Alkohol.*

zuckersüß bis extrem trocken und edel. Hochklassiger Sake wie der exquisite *dai-ginjo* wird gekühlt serviert. *Karte A5 • 1-32-15 Uehara, Shibuya-ku • 5454-3715 • Mo–Sa 17–23.45 Uhr*

Mado Lounge

7 Pink Cow

Die von Amerikanern geführte Bar wird gern von in Tokyo lebenden Ausländern besucht. Neben guten Cocktails werden abends internationale Gerichte zu vernünftigen Preisen serviert. *Karte D6 • Roi Building, Block B, 1. Stock, 5-5-1 Roppongi, Minato-ku • 6434-5773 • Di–So ab 17 Uhr*

8 Cha Ginza

Bei der hauseigenen Kurzform der japanischen Teezeremonie wird das Heißgetränk schaumig gerührt und mit Süßigkeiten serviert. Im zweiten Stock gibt es herkömmlichen grünen Sancha-Tee. *Karte M4 • 5-5-6 Ginza, Chuo-ku • 3571-1211 • Di–So 11–19 Uhr*

9 Mado Lounge

Die reflektierenden Wände und Decken der Bar im 52. Stock sorgen für schimmernden Glanz. Im Aussichtsbereich gibt es statt Polstersofas einfache Stühle. Auf der Terrasse befinden sich auch die Haupttheke und das Steuerpult für die sanfte Hintergrundmusik und die optischen Effekte *Karte C6 • Mori Tower, 52. Stock, 6-10-1 Roppongi, Minato-ku • 3470-0052 • tägl. 11–17 Uhr & 18–1 Uhr (Restaurant bis 23 Uhr)*

10 Breadworks

Das von den Inhabern des hervorragenden Restaurants der T. Y. Harbor Brewery geführte Café ist wunderschön am Ufer gelegen. Es bietet eine fantastische Auswahl an Sandwiches, Pizzas, Quiches und Salaten sowie köstliche süße Backwaren. *Karte D2 • 2-1-6 Higashi-Shinagawa, Shinagawa-ku • 5479-3666 • tägl. 8–20 Uhr*

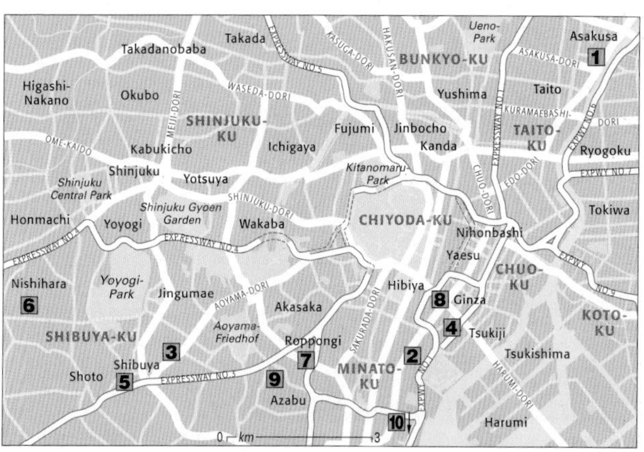

In dem neben dem Café Breadworks gelegenen Restaurant wird Bier der Mikrobrauerei T. Y. Harbor Brewery ausgeschenkt.

Links **Takeshita-dori** Mitte **Shibuya Beam** Rechts **Tokyo Anime Center**

TOP 10 Popkultur

1 Tokyo Big Sight

Auf dem Messegelände findet zweimal im Jahr Asiens wohl größtes Kunstfestival, die zweitägige Design Festa *(siehe S. 56)*, statt. *Karte D2 • Tokyo International Exhibition Center, 3-11-1 Ariake, Koto-key • 5530-1111 • www.bigsight.jp*

2 Takeshita-dori

Die laute Fun-Meile mit den grellen Boutiquen voller Subkultur-Accessoires, Fetischen, Kitsch und Krempel ist bei der verrückten japanischen Jugend schwer angesagt. *Karte B5 • Shibuya-ku*

3 Center Gai

Die von preiswerten Bars, Cafés und Restaurants gesäumte quirlige Fußgängerzone bildet das Zentrum der japanischen Jugendkultur. Entsprechend viele junge Leute drängen sich durch die Läden, um nach Musik, Handys, Kleidung und Schmuck zu stöbern. *Karte R5 • Shibuya, Shibuya-ku*

Center Gai

4 Pokémon Center

Kinder können die Abenteuer der bekannten Anime-Figuren verfolgen, etwa Pikachu auf dem Weg nach Cerulean City. *Karte M5 • Shiodome Shibarikyu Building, 2. Stock, 1-2-3 Kaigan, Minato-ku • 6430-7733 • Mo–Fr 11–20 Uhr, Sa, So & Feiertage 10–19 Uhr • www.pokemon.co.jp/gp/pokecen/english*

5 Nakano Broadway

Im Vergleich zur Elektronikmeile Akihabara bietet das zweite Shoppingmekka Otakus eine ruhigere Atmosphäre. Der nahe dem Bahnhof Nakano gelegene Komplex erfreut Manga- und Anime-Fans mit Läden voller Spielkonsolen, Comics und Sammlerfiguren. *Karte C1 • 5-52-15 Nakano, Nakano-ku • 3388-7004 • tägl. 12–20 Uhr (Läden variierende Zeiten)*

6 Shibuya Beam

Im ersten Stock bieten z. B. Comedy-Duos und von Anime inspirierte Cosplay-Shows Unterhaltung. Die anderen Etagen bergen Cafés und Restaurants. *Karte Q5 • 31-2 Udagawacho, Shibuya-ku • 3477-0777 • tägl. 12–20 Uhr*

7 Sonntage im Park

Tokyos Modezirkus schwappt jeden Sonntag vom geschäftigen Harajuku in den Yoyogi-Park über, wo man dann Aufmachungen in allen Stilen seit den 1950er Jah-

Rund um die Statue vom Hund Hachiko vor dem Bahnhof Shibuya ist die fröhliche Stimmung des Viertels am besten zu spüren.

»Gothic Lolitas« in Harajuku

ren sehen kann. Nachmittags spielen an der Promenade zwischen Park und olympischen Pavillons Bands *(siehe S. 47)*.

8 Hachiko Crossing
In dem Shoppingviertel überfluten Neon- und LCD-Anzeigen Passanten mit nicht enden wollenden bunten Werbebotschaften. Die zentrale Q-Front ist Tokyos größter Videobildschirm. *Karte B6 & R5 • Bahnhof Shibuya, Ausgang Hachiko, Shibuya-ku*

9 Tokyo Anime Center
Japans größtes Anime-Center wirbt für Filme, Spiele und Fanartikel. In dem digitalen Theater mit Synchronstudio finden jährlich 200 Live-Veranstaltungen mit Synchronsprechern und Anime-Figuren statt. *Karte F3 • UDX Building, 4. Stock, 4-14-1 Soto-Kanda, Chiyoda-ku • 5298-1188 • Di–So 11–19 Uhr*

10 Comiket
Die dreitägige Messe Comiket *(komiketto)* ist das Mekka der Manga-Fans. Auf dem Comic-Markt präsentieren Hunderte von Ständen eine unglaubliche Auswahl: von alten Astro-Boy-Comics und der Neon-Genesis-Evangelion-Serie bis zu Tekkonkinkreet-Bänden und Anime. *Karte D2 • Tokyo Big Sight, 3-11-1 Ariake, Koto-ku • 5530-1111 • Ende Dez & Mitte Aug; 10–16 Uhr • www.comiket.co.jp*

Top 10 Kulturelle Phänomene

1 Hello Kitty
Das seit 1974 präsente, hilflos naive, aber reizende Geschöpf hat eine Knopfnase und seltsamerweise keinen Mund.

2 Cosplay
Beim *kosupure* (»Kostümspiel«) verkleidet man sich möglichst exakt wie eine Manga- oder Anime-Figur.

3 Kapselhotels
Kisho Kurokawas Nakagin Capsule Tower (1972) führte zur Idee der Kapselhotels.

4 Maid Cafés
In den Cafés servieren junge Frauen mit rosaroten Haaren, weißen Strümpfen, Schürze und Spitzenhäubchen respektvoll Tee und Kuchen.

5 Akihabara
Die weltgrößte Elektronikmeile lockt mit den *Kosupure*-Shows auch viele Manga- und Anime-Fans an.

6 Manga Kissa
Bei einer Tasse Kaffee in einem *kissa*, kurz für *kissaten* (Café), können Manga-Fans in Hunderten Comics blättern.

7 Mode-Randgruppen
In Harajuku und Shibuya treffen sich Cyber-Punks und »Goth-Lolis« (schwarz geschminkte Mädchen in viktorianisch anmutenden Rüschen).

8 Otaku
Otaku sind Freaks, die Anime, Manga, Videospiele und niedliche Fanartikel weiblicher Stars lieben.

9 Love Hotels
Allein in Tokyo gibt es über 20 000 Love Hotels mit verschiedenen Fantasiethemen.

10 Pachinko
Japanisches Flippern gilt als niveaulos – ist aber in jeder Einkaufsstraße geboten.

»Pokémon« ist die Abkürzung für »Pokettu Monsuta« bzw. »Pocket Monster« – kleine Ungeheuer im Taschenformat.

Links **Yoyogi-Park** Mitte **Shinjuku-Gyoen-Garten** Rechts **Koishikawa-Korakuen-Garten**

TOP 10 Parks & Gärten

1 Garten der kanadischen Botschaft

Der Steingarten auf einer Terrasse im vierten Stock des Gebäudes wurde von Masuno Shunmyo angelegt, einem der innovativsten Gartenarchitekten im heutigen Japan. Steine aus Hiroshima stellen die alten Felsen des Kanadischen Schildes dar und symbolisieren so die Verbundenheit zwischen Japan und Kanada.

Karte C5 • 7-3-38 Akasaka, Minato-ku • 5412-6200 • Mo–Sa 9.30–17 Uhr

2 Hibiya-Park

Der Park war einst Teil eines Adelssitzes und diente als Exerzierplatz. 1903 wurde er als erster westlicher Park Japans eröffnet. Sein Zentrum ist mit Rasen, Rosengarten, Musikpavillons und Theater gestaltet. Der Westteil birgt einen versteckt gelegenen Teich mit einem Originalbrunnen in Form eines Reihers und riesige Glyzinien *(siehe S. 74)*.

3 Koishikawa-Korakuen-Garten

Der Koishikawa Korakuen, Tokyos ältester Garten, wurde 1629 von Tokugawa Yorifusa, dem Gründer des Mito-Clans, in Auftrag gegeben. Den Park zieren berühmte japanische und chinesische Landschaften im Miniaturformat. So symboliert etwa ein einfacher, bambusbewachsener Hügel das Lushan-Gebirge in der chinesischen Provinz Jiangxi, ein seichter Bach den Fluss Oikawa in Kyoto *(siehe S. 22f)*.

4 Mukojima-Hyakkaen-Garten

Der wenig besuchte Park aus der Edo-Zeit wurde 1804 nahe dem Sumida *(siehe S. 12f)* angelegt. Das umliegende Viertel war mit seinen Tempeln und Teehäusern elegantes Zentrum des sozialen und kulturellen Lebens. *Karte D1 • Higashi-Mukojima, Sumida-ku • 3611-8705 • tägl. 9–17 Uhr • Eintritt*

5 Kiyosumi-Garten

Für den Garten wurden aus dem ganzen Land seltene Steine mit Dampfern herangeschifft. Der Park gehörte einst zum Anwesen eines reichen Holzbarons. Ein traditionelles Teehaus steht neben einem Teich mit kleiner Insel. Ein weiterer Blickfang ist der künstliche Hügel, der die Form des Fuji nachbildet. *Karte H4 • 3-3-9 Kiyosumi, Koto-ku • 3641-5892 • 9–17 Uhr • Eintritt*

Kiyosumi-Garten

Mehr über Tokyos Parks & Gärten **http://teien.tokyo-park.or.jp**

6 Park des Naturkundeinstituts

Dieser sorgfältig erhaltene Teil der Musashino-Ebene schützt eine Vielzahl von Vögeln, Insekten und Schildkröten sowie rund 8000 Bäume. Ein kleines Museum am Eingang informiert über Tokyos schwindendes Grün. *Karte C2 • 5-21-5 Shirokanedai, Minato-ku • 3441-7176 • Di–So 9–16.30 Uhr (Mai–Aug bis 17 Uhr) • Eintritt*

Teehaus mit blühenden Azaleen, Hama-rikyu-Garten

7 Rikugien-Garten

Der 1702 vollendete Garten ist nach den sechs Kompositionsprinzipien der asiatischen Poesie benannt. Die versteckte Symbolik ist schwer zu dechiffrieren, doch das tut der Schönheit des hügeligen Parks mit den vielen Bäumen und Teehäusern im schlichten Stil des Zen keinen Abbruch. *Karte D1 • 6-16-3 Honkomagome, Bunkyo-ku • 3941-2222 • tägl. 9–17 Uhr • Eintritt*

8 Shinjuku-Gyoen-Garten

Der ungewöhnlich vielfältige Garten wurde 1772 gestaltet. Der heutige Park, ein multikulturelles Meisterwerk, umfasst einen französischen, einen englischen und einen japanischen Teil. Unter der Kuppel des alten Gewächshauses gedeihen tropische Pflanzen. Zur Kirschblüte im Frühjahr ist der Garten ein Lieblingsort der Tokyoter *(siehe S. 104)*.

9 Hama-rikyu-Garten

Der Hama-rikyu-Garten von 1654 ist ein Original aus der Edo-Zeit. In der Nähe des Eingangs steht eine große Schwarzkiefer, die 1704 gepflanzt wurde und auf wundersame Weise Erdbeben, Feuersbrünste und Luftangriffe überstanden hat. Ein ungewöhnliches Element des großen Parks ist der Gezeitenteich, in den Salzwasserfische gespült werden *(siehe S. 75)*.

10 Yoyogi-Park

Der Park zählt zu den größten Waldgebieten in Tokyo. Die Rasenflächen und Freizeiteinrichtungen machen ihn bei Familien, Radfahrern, Joggern und Skatern beliebt. Er eignet sich hervorragend zum Picknicken. Der kleine botanische Garten mit Vogelreservat und sonntägliche Livemusik bieten Abwechslung *(siehe S. 44f)*. *Karte A5 • 1 Yoyogi-Kamizono-cho, Shibuya-ku • 3469-6081 • tägl.*

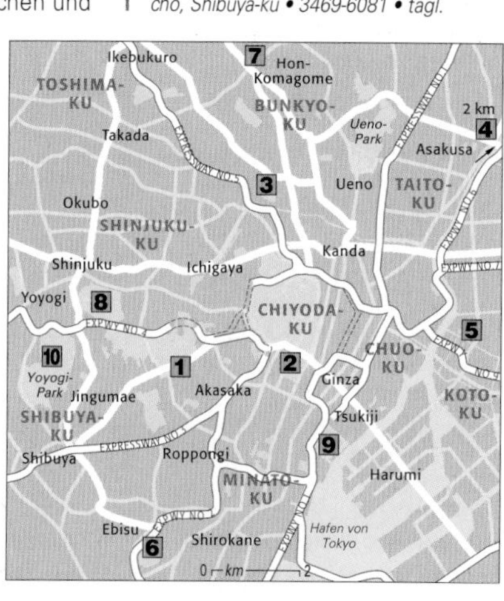

Im Park des Naturkundeinstituts ist die Besucherzahl auf 300 Personen beschränkt.

Links **Justizministerium** Mitte **Nikolai-Kathedrale** Rechts **Hattori Building**

Historische Gebäude

1 Bank of Japan

Das klassizistische Gebäude wurde 1896 von Kingo Tatsuno, dem ersten westlich orientierten Architekten Japans, gestaltet. Es steht an der Stelle der einstigen Münze des Shogunats. Bei einer englischsprachigen Führung lernt man das Gebäude, seine Geschichte und die heutige Funktion kennen *(siehe S. 68)*.

2 Galerie für Kunsthandwerk

Das reizvolle Meiji-Gebäude war einst das Hauptquartier der kaiserlichen Garde. Das im Stil der »Renaissance des 19. Jahrhunderts« errichtete Haus zählt zu den wenigen geschützten Bauten in Tokyo – wo man von Denkmalschutz wenig zu halten scheint *(siehe S. 67)*.

3 Kyu Iwasaki-tei

Das schöne Herrenhaus aus Holz ist beispielhaft für den Stilmix der Meiji-Zeit. Der 1896 vom englischen Architekten Josiah Conder entworfene Bau zeigt Elemente der Gotik, des Jakobinischen und des Pennsylvania-Landhausstils. Original sind noch die Holzdecken, die Steinkamine, die Parkettböden und Japans erste westliche Toilette. *Karte F2 • 1-3-45 Ikenohata, Taito-ku • 3823-8340 • tägl. 9–17 Uhr • Eintritt*

Kyu Iwasaki-tei

Buddha-Statue im Tempel Gokoku-ji

4 Tempel Gokoku-ji

Die imposante Tempelanlage besitzt einen Glockenturm und eine seltene zweistöckige Pagode. Im Zentrum steht die Haupthalle mit riesigen Holzpfeilern, schwerem Kupferdach und einem dunklen Innenraum voll kostbarer buddhistischer Kunstwerke *(siehe S. 36)*.

5 Hattori Building

Hitoshi Watanabes Gebäude von 1932 ist ein Wahrzeichen der Ginza. Nach dem ansässigen Juwelier ist es auch als Wako Building bekannt. Die geschwungene Fassade mit dem Uhrturm taucht in vielen alten Filmen auf, doch das Interieur ist ebenso beeindruckend. *Karte M4 • 4-5-11 Ginza, Chuo-ku • 3562-2111 • tägl. 10.30–19 Uhr*

6 Tempel Hongan-ji

Selbst für Tokyo, das für architektonische Stilmixe bekannt ist, ist der stark indisch wirkende Tempel außergewöhnlich. Der Architekt Ito Chuta bereiste ganz Asien – seine Eindrücke spiegeln sich in dem 1935 errichteten Tempel wider. Das Bauwerk soll

Hitoshi Watanabe (1887–1973), Architekt des Hattori Building, entwarf auch Tokyos Nationalmuseum.

Tempel Hongan-ji

auch an die indischen Ursprünge des Buddhismus erinnern. ✆ *Karte N5 • 3-15-1 Tsukiji, Chuo-ku • 3541-1131*

7 Nationales Parlamentsgebäude

Das Gebäude mit der pyramidenförmigen Kuppel wurde 1936 fertiggestellt. Es ist Sitz der beiden Kammern des japanischen Parlaments – des Ober- und des Unterhauses. Führungen beinhalten die Besichtigung der Besuchergalerie, des Kaisersaals und der Haupthalle, deren Mosaikboden aus Millionen Marmorstücken gefertigt ist. ✆ *Karte K3 • 1-7-1 Nagatacho, Chiyoda-ku • 5521-7445 • Führungen: Mo–Fr 8–17 Uhr (Feiertage geschl.) • www.sangiin.go.jp*

8 Justizministerium

Das Gebäude ist für die Öffentlichkeit nicht zugänglich, doch die in den 1990er Jahren restaurierte Fassade verdient einen Blick. Den von dem Berliner Architekturbüro Ende und Böckmann 1895 entworfenen roten Backsteinbau kennzeichnet eine gelungene Mischung aus formaler Eleganz und Funktionalität. ✆ *Karte L4 • 1-1-1 Kasumigaseki, Chiyoda-ku • 3580-4111*

9 Nikolai-Kathedrale

Nach dem Erdbeben von 1923, das die Zwiebeltürme zerstörte, erhielt die russisch-orthodoxe Kirche (1891) eine neue grüne Kuppel und schöne Buntglasfenster *(siehe S. 37)*.

10 Bahnhof Tokyo

Denkmalschützer bewahrten das Bahnhofsgebäude immer wieder vor dem Abriss. Heute gilt die Erhaltung des Bauwerks als gesichert. Das von Kingo Tatsuno 1914 gestaltete Gebäude ist mit in Japan hergestellten Ziegeln verkleidet und mit Stahl aus Großbritannien und den USA verstärkt *(siehe S. 67)*.

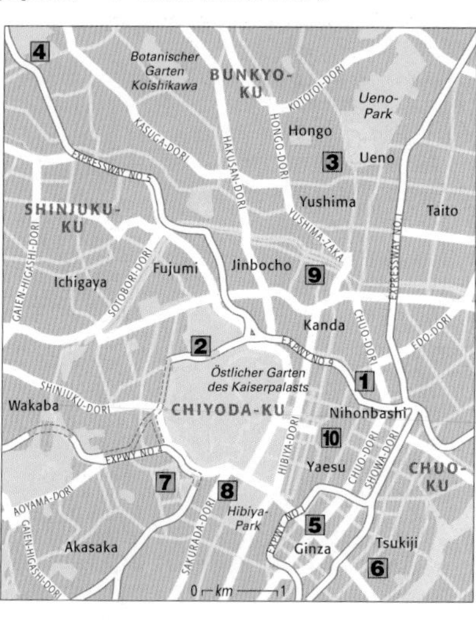

Der Engländer Josiah Conder (1852–1920) kam 1877 nach Tokyo. Als Professor für Architektur bildete er u. a. Kingo Tatsuno aus.

Links **Omotesando Hills** Rechts **Flohmarkt Tomioka Hachimangu**

TOP 10 Shopping

1 Nakamise-dori

Die 250 Meter lange Straße in Asakusa, die zum Tempel Senso-ji *(siehe S. 10f)* führt, säumen 100 Läden mit bunten Auslagen. Das umfangreiche Angebot traditioneller Waren und Souvenirs reicht von Fächern, Puppen und aus Papier gefertigten Objekten über Haarkämme bis zu Spielwaren und Kimonos. Die Straße ist stets belebt. Während des Stöberns kann man sich mit Snacks wie *Senbei*-Reisplätzchen stärken. *Karte R2 • Bahnhof Asakusa*

2 Laox

Die Hauptfiliale des größten Anbieters von elektronischen Artikeln in Japan liegt nahe dem Bahnhof im Zentrum der »Elektromeile« Akihabara, dem weltgrößten Shoppingbereich für Elektronik. Besucher finden für die Verwendung in Übersee geeignete Geräte und Zubehör vor. Handbücher und Kataloge gibt es in Englisch und in anderen Sprachen. *Karte F3 • 1-2-9 Soto-Kanda, Chiyoda-ku • 3253-7111 • tägl. 10–19 Uhr*

3 Akebono

Das Geschäft verkauft die traditionelle japanische Süßigkeit *wagashi* – kleine Kuchen aus Reis, Bohnenpaste und Maronen. *Wagashi* sind ein Genuss für den Gaumen und für die Augen. Sie werden zur Teezeremonie serviert. Die Produkte von Akebono sind auch in den Lebensmittelabteilungen gehobener Kaufhäuser erhältlich *(siehe S. 77)*.

4 VenusFort

VenusFort ist eine Mischung aus Shopping Mall und Themenpark, in dem das Ambiente einer norditalienischen Stadt samt dem Himmel in der Abenddämmerung nachgebildet wurde. Die zahlreichen Boutiquen und Läden bieten vor allem Mode, Schmuck und Kosmetikprodukte. *Karte D2 • Palette Town, 1 Aomi, Koto-ku • 3599-0700 • tägl. 11–21 Uhr (einige Restaurants bis 23 Uhr) • www.venusfort.co.jp*

5 Ameyoko-Markt

In der Nachkriegszeit blühte in dem Areal ein Schwarzmarkt für aus Kartoffeln hergestellte Süßigkeiten. Heute säumen die Straße unterhalb der JR-Gleise 500 Stände und kleinen Läden. Einheimische besuchen den Markt gerne, um frische Lebensmittel und vor allem Fisch zu erwerben. *Karte F2 • Bahnhof Ueno • variierende Öffnungszeiten*

Ameyoko-Markt

Laox im Internet **www.laox.co.jp**

6 Tower Records

Das Kaufhaus bietet auf sechs Etagen Musik für jeden Geschmack. Im zweiten Stock ist eine Buchhandlung untergebracht, die neben einem breiten Sortiment an Belletristik Foto-, Reise- und Musikbücher sowie Zeitungen und Zeitschriften führt. Sie verfügt auch über ein Café. *Karte R5 • 1-22-14 Jinnan, Shibuya-ku • 3496-3661 • tägl. 10–23 Uhr*

7 Tokyu Hands

In dieser Mischung aus Baumarkt, Haushaltswarenladen und Möbelhaus findet man alles fürs Heim – vom Sofa über beheizbare Hausschuhe bis zum Schweizer Armeemesser. Partyzubehör nimmt eine ganze Abteilung ein. *Karte R5 • 12-18 Udagawa-cho, Shibuya-ku • 5489-5111 • tägl. 10–20.30 Uhr*

8 Flohmarkt Tomioka Hachimangu

Der Flohmarkt zählt zu den besten Tokyos. Antiquitäten sind relativ teuer, die günstigen alten Postkarten, Keramiken und Kimonostoffe, aus denen junge Leute eigene Mode schneidern, lohnen aber den Besuch. *Karte H5 • 1-20-3 Tomioka, Koto-ku • 3642-1315 • 1. (außer Jan), 2. & 4. (außer 28.) So im Monat*

Mikimoto Ginza 2

9 Mikimoto Ginza 2

Das zweite Mikimoto-Perlenhaus in der Ginza wurde von Toyo Ito entworfen. Es besitzt die vermutlich interessanteste Geschäftsfassade der Stadt. Die Ladenkette ist nach Kokichi Mikimoto benannt, der 1893 die Zuchtperle erfand *(siehe S. 77)*.

10 Omotesando Hills

Die 100 Läden in dem schillernden, sechs Stockwerke umfassenden Einkaufszentrum laden zu einem Schaufensterbummel ein. Der Schwerpunkt liegt auf Haute Couture und Wohnaccessoires. *Karte B5 • 4-12-10 Jingumae, Shibuya-ku • 3497-0310 • Läden: tägl. 11–21 Uhr (So bis 20 Uhr); Restaurants: tägl. 11–23.30 Uhr (So bis 22.30 Uhr)*

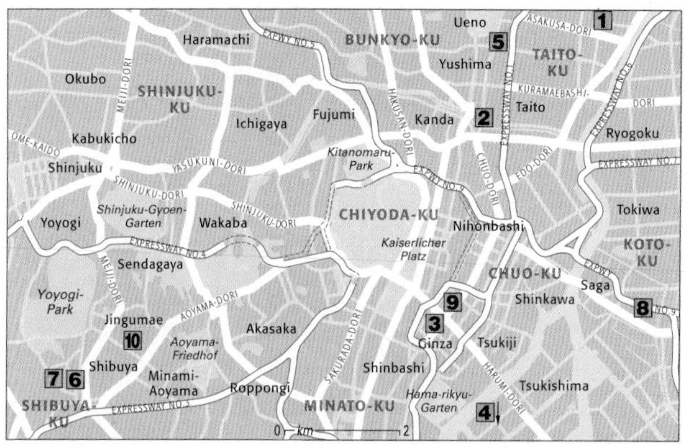

Links Japan Traditional Craft Center Mitte Hara Shobo Rechts Sagemonoya

Top 10 Läden für Kunsthandwerk

1 Bingo-ya

Der Laden verkauft traditionelle japanische Produkte – von Keramiken über Glaswaren bis zu Textilien – und Kunsthandwerksobjekte aus anderen Ländern. *Karte C1 • 10-6 Wakamatsu-cho, Shinjuku-ku • 3202-8778 • Di–So 10–19 Uhr*

2 Tsutsumu Factory

Der Name verrät es: Tsutsumu (deutsch: »einwickeln«) ist auf Geschenkpapier spezialisiert. Aus dem hochwertigen *washi*, einem dicken handgeschöpften Papier, werden auch Schachteln, Taschen und Hüte gefertigt. *Karte Q5 • 37-15 Udagawa-cho, Shibuya-ku • 5478-1330 • tägl. 10–19 Uhr*

3 Kyukyodo

Der Papierwarenladen ist bereits seit 1663 im Geschäft, seit 1880 nimmt er diesen Platz in der Ginza ein. Das Angebot umfasst neben erstklassigem handgeschöpften *Washi*-Papier, Grußkarten, Schmuckschachteln und Bilderrahmen auch einiges an Räucherwerk *(siehe S. 77)*.

4 Blue & White

Der Laden bietet exquisit gefertigte moderne und traditionelle Alltagsartikel an. Die Fächer, Textilien, Geschirrwaren, Kerzen und Bilderrahmen sind in Indigoblau und Weiß gehalten.

Textilien im Blue & White

Karte J6 • 2-9-2 Azabu-Juban, Mina to-ku • 3451-0537 • Mo–Sa 10–18 Uhr, So 11–18 Uhr

5 Fuji Torii

Der Laden führt hochwertige Produkte wie echtes Imari-Porzellan, buddhistische Statuen, Tansus, Lackarbeiten und handbemalte Wandschirme zu fairen Preisen. Das freundliche Personal spricht auch Englisch. *Karte S4 • 6-1-10 Jingumae, Shibuya-ku • 3400-2777 • Mi–Mo 11–18 Uhr*

6 Hara Shobo

Der seit den 1880er Jahren bestehende Laden ist auf Holzdrucke und schön illustrierte Bücher spezialisiert. Die Auswahl reicht von Stücken aus dem 17. Jahrhundert bis zu modernen *Shin-hanga*-Drucken. Die angebotenen Originale sind erstaunlich preisgünstig. *Karte E3 • 2-3 Kanda-Jimbocho, Chiyoda-ku • 5212-7801 • Di–Sa 10–18 Uhr*

Kyukyodo

Washi-Papier wird aus verschiedenen Pflanzenfasern gewonnen.

7 Japan Traditional Craft Center

Das Zentrum wurde gegründet, um traditionelles japanisches Kunsthandwerk vorzustellen und die Arbeit von zeitgenössischen Künstlern zu unterstützen. Einige der Werkzeuge zum Anfertigen von Kimonos, Puppen, Lackwaren und Keramiken kann man kaufen. ✆ *Karte C1 • Hotel Metropolitan, 1. & 2. Stock, 1-11-1 Nishi Ikebukuro, Toshima-ku • 5954-6066 • tägl. 11–19 Uhr*

8 Japan Sword

Der einzigartige Laden besteht seit der Meiji-Zeit, in der die Samurai pensioniert und ihre Ausrüstungen zu Sammlerobjekten wurden. Auch Reproduktionen sind erhältlich. ✆ *Karte D6 • 3-8-1 Toranomon, Minato-ku • 3434-4321 • Mo–Fr 9.30–18 Uhr, Sa 9.30–17 Uhr*

9 Sagemonoya

Zum Sortiment des Ladens gehören *sagemonos* (»hängende Behältnisse« oder Pfeifenetuis) und *netsuke* (Miniaturskulpturen aus Elfenbein oder Holz), die der Befestigung der Etuis dienen. ✆ *Karte C3 • Palais Eternal Building 702/703, 4-28-20 Yotsuya, Shinjuku-ku • 3352-6286 • Mi–Sa 13.30–18 Uhr*

10 Oriental Bazaar

Der Laden verkauft Souvenirs wie *yukata* (Sommerkimonos) und Holzdrucke – original oder als Reproduktion. ✆ *Karte S4 • 5-9-13 Jingumae, Shibuya-ku • 3400-3933 • Fr–Mi 10–19 Uhr*

Oriental Bazaar

Top 10 Souvenirs

1 Keramik
Zu den bekanntesten Marken zählen Mino, Arita, Raku, Bizen und Mashiko.

2 Yukata
Die leichten Baumwollkimonos sind im Sommer angenehm zu tragen.

3 Holzdrucke
Motive reichen von schönen Frauen der Vergnügungsviertel über beliebte Schauspieler bis zu Landschaften.

4 Hagoita
Die Schläger dienten einst zum Ballspiel, sind heute aber Kunstobjekte mit Bildnissen von Geishas, Kriegern, Kabuki-Darstellern oder TV-Stars.

5 Bambusobjekte
Aus dem vielseitigen Rohstoff wird Verschiedenstes – u. a Essstäbchen, Jalousien und Blumentöpfe – gefertigt.

6 Puppen
Ursprünglich dienten Puppen als schützende Talismane, heute werden sie bei Festen präsentiert und als Spielzeug oder Souvenirs verkauft.

7 Lackware
Gute Lackware ist teuer und verdient Achtsamkeit. Bei trockener Luft kann sie Risse bekommen.

8 Antiquitäten
Antiquitäten findet man in Nobelläden und auf Flohmärkten. Die Kotto-dori in Aoyama ist die »Antiquitätenstraße«.

9 Papierwaren
Handgeschöpftes dickes *Washi*-Papier wird für Kalligrafien, Lampions, Schirme und vieles mehr verwendet.

10 Räucherwerk
Die besten und teuersten Räucherwaren sind aus natürlich duftendem Holz, das kaum Rauch erzeugt.

Sagemonoya ist der einzige auf netsuke *spezialisierte Laden in Japan. Das Personal spricht fließend Englisch.*

Links **Park des Naturkundeinstituts** Rechts **Lion Beer Hall**

TOP 10 Oasen der Entspannung

1 Tee im Rikugien-Garten

Mit Blick auf eine manikürte Rasenfläche serviert das Teehaus Fukiage-no-chaya nahe dem großen Teich im Rikugien-Garten *(siehe S. 47)* grünen *Matcha*-Tee und kleine japanische Süßigkeiten. Ähnliche Leckereien gibt es im Teehaus Takimi-no-chaya, das sich über einer Bucht des Teichs ausbreitet.

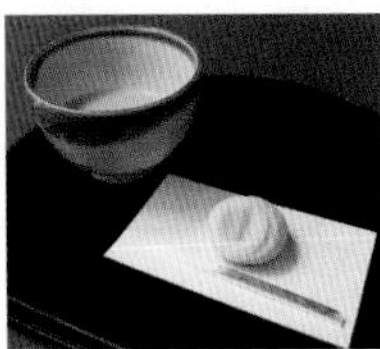

Grüner Tee, Rikugien-Garten

2 Park des Naturkundeinstituts

Das weitläufige Naturgebiet erstreckt sich auf einer unberührten Fläche der Musashino-Ebene. In diesem Wunderland gedeihen 8000 Bäume, Sträucher und unzählige Blumen *(siehe S. 47)*.

3 Flussfahrten

Die *Suijo*-Wasserbusse legen an dem Kai an der Azumabashi in Asakusa ab. Die bis zu 45 Minuten langen Fahrten führen zum Hama-rikyu-Garten oder weiter nach Odaiba. *Karte R2 • 0120-977-311 • www.suijobus.co.jp*

Suijo-Wasserbus

4 Sun & Moon Yoga

Das Studio gehört einem kalifornisch-japanischen Schriftstellerehepaar. Es bietet Kurse und Workshops in verschiedenen Atem-, Meditations- und Yogatechniken an. Das Ambiente im Zen-Stil sorgt für eine herrlich beruhigende Atmosphäre. *Karte C2 • Gotanda Yamakatsu Building, 2. Stock, 3-16-44 Higashi Gotanda, Shinagawa-ku • 3280-6383 • www.sunandmoon.jp*

5 Spa im Four Seasons

Die verwendeten Hautpflegeprodukte sind exklusiv für das Four Seasons produziert: Weißer Lotos wirkt entspannend, Ingwerblüte euphorisierend, Reis sensibilisierend, Bambusblätter bringen Energie. Sie werden in Einzel- oder Kombibehandlungen auf Körper, Gesicht, Kopfhaut und Hals aufgetragen *(siehe S. 131)*.

6 Tokyo City View & Café

Das Skydeck erlaubt Blicke aus dem 52. Stock von einem Sims am Rand des Heliports. Die Aussicht auf Tokyo ist atemberaubend. Anschließend locken das Sunset Café oder die Mado Lounge *(siehe S. 43)*. *Karte C6 • Mori Tower, 6-10-1 Roppongi, Minato-ku • 6406-6652 • tägl. 10–23 Uhr (Fr & Sa bis 1 Uhr); Skydeck 10–20 Uhr • Eintritt*

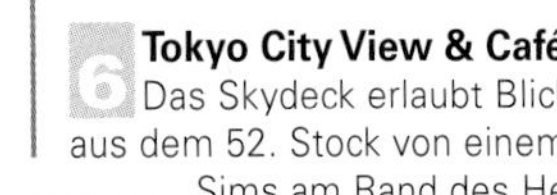

Im Park Hyatt, das die New York Bar birgt, wurde der Kinofilm Lost in Translation *(2003) gedreht.*

Garten des Nezu Museum

7 Garten des Nezu Museum

Der kleine, aber harmonisch ausgestaltete Garten ist eine Kombination aus einem natürlichen Landschafts- und einem Teegarten. Es gibt schmale Wege, Teehäuser, einen Iristeich am Fuß eines Hügels und buddhistische Steinstatuen *(siehe S. 95)*.

8 Cocktail in der New York Bar

In der New York Bar des Park Hyatt einen Cocktail zu nehmen, ist ein fantastisches Erlebnis. Bei Tag reicht der Blick aus dem 52. Stock bis zum weit entfernten Fuji, nachts gleicht die Stadt einem glitzernden Wald aus Flüssigkristall *(siehe S. 130)*.

9 Lion Beer Hall

Die bayerische Bierhalle in einem Haus aus den 1930er Jahren ist erstaunlich bodenständig und trotz ihrer Lage in der vornehmen Ginza erschwinglich. Die Speisekarte dreht sich vorwiegend um die Wurst. *Karte M5 • 7-9-20 Ginza, Chuo-ku • 3571-2590*

10 Nail Bee

Nageldesign ist in Tokyo der letzte Schrei. Hier kann man sich Finger- und Fußnägel in kleine Pop-Art-Kunstwerke verwandeln und die Wimpern und Augenbrauen behandeln lassen. *Karte N4 • Keitoku Building, 3. Stock, 3-3-14 Ginza, Chuo-ku • 5250-0018 • tägl. 11–20 Uhr*

Top 10 Thermalquellen & Bäder

1 Maenohara Onsen
Natürlich gespeiste heiße Quelle. *Karte C1 • 3-41-1 Maenocho, Itabashi-ku • 5916-3826 • www.sayanoyudokoro.co.jp*

2 Toshimaen Niwano-yu
Bad, das Männer und Frauen z.T. gemeinsam nutzen können. *Karte C1 • 3-25-1 Koyama, Nerima-ku • 3990-4126*

3 Komparu-yu
Bad aus der Edo-Zeit mit zwei Becken: *atatakai* (heiß) und *nurui* (lauwarm). *Karte M5 • 8-7-5 Ginza, Chuo-ku • 3571-5469*

4 Rokuryu Onsen
Traditionelle Fassade, bernsteinfarbenes Wasser. *Karte F1 • 3-4-20 Ikenohata, Taito-ku • 3821-3826*

5 Asakusa Kannon Onsen
Historisches Bad beim Tempel Senso-ji. *Karte R1 • 2-7-26 Asakusa, Taito-ku • 3844-4141*

6 Jakotsu-yu
Heißes Sprudelbad im Inneren, kühles Wasser im Außenbereich. *Karte R2 • 1-11-11 Asakusa, Taito-ku • 3841-8645*

7 Oedo Onsen Monogatari
Themenpark mit einigen Thermalbecken. *Karte D2 • 2-6-3 Aomi, Koto-ku • 5500-1126*

8 Shimizu-yu
Traditionelles Badehaus. *Karte C6 • 3-12-3 Minami-Aoyama, Minato-ku • 3401-4404*

9 Spa LaQua
Kreislaufstärkendes Wasser. *Karte E1 • Tokyo Dome City, 1-1-1 Kasuga, Bunkyo-ku • 3817-4173*

10 Kamata Onsen
Sento im Shitamachi-Stil. *Karte B2 • 2-23-2 Kamata-Honcho, Ota-ku • 3732-1126*

Richtiges Verhalten in einem Badehaus **siehe S. 119**

Links **Exponat beim Design Festa** Rechts **Umzug am Neujahrstag**

TOP 10 Feste & Veranstaltungen

1 Design Festa

Beim größten Kunstfestival Asiens treten zweimal im Jahr 7000 japanische und internationale Künstler, Musiker und Darsteller aus allen Genres auf. Für die über 50 000 Besucher werden auch Cosplays *(siehe S. 45)* und Modenschauen geboten. Veranstaltungsort ist der Messekomplex Tokyo Big Sight *(siehe S. 44)*.
Mai & Nov • www.designfesta.com

2 Tag der Erwachsenen

Wer zwischen März des vergangenen und April des aktuellen Jahres das 20. Lebensjahr und damit die Volljährigkeit erreicht, darf im Januar den *Seijin no Hi* (»Tag der Erwachsenen«) feiern. Der wichtige Tag wird mit Festlichkeiten im Rathaus und einem Schrein begangen. Beliebt ist der Meiji-Schrein *(siehe S. 24f)*.
2. Mo im Jan

3 Sieben-Fünf-Drei-Fest

Kinder, die sieben, fünf oder drei Jahre alt geworden sind, beten an diesem Festtag in den Schreinen für ihr Wohlergehen.
In Zeiten hoher Kindersterblichkeit galt das Erreichen dieser Altersstufen als Meilenstein. Die in kleine traditionelle Kimonos gekleideten Kinder geben hübsche Fotomotive ab. *15. Nov*

Mädchen beim Sieben-Fünf-Drei-Fest

4 Kanda Matsuri

Eines der drei großen Feste in Tokyo wird nur in ungeraden Jahren gefeiert. Es gibt Musik, Tanz und reichlich Sake. Höhepunkt der Festlichkeiten ist ein Umzug in Kostümen aus der Heian-Zeit mit Festwagen und *mikoshi* (tragbaren Schreinen).
Karte F3 • Kanda-Myojin-Schrein, 2-16-2 Soto-Kanda, Chiyoda-ku • 3254-0753 • Mitte Mai

5 Neujahrstag

Das neue Jahr wird mit dem Besuch eines Shinto-Schreins oder buddhistischen Tempels gefeiert. Am beliebtesten sind der Meiji-Schrein *(siehe S. 24f)* und der Tempel Senso-ji *(siehe S. 10f)*, wo das neue Jahr mit Glockengeläut begrüßt wird. *1.–4. Jan*

6 Sanja Matsuri

Tokyos größtes Fest ehrt die beiden Brüder, die die Statue von Kannon in ihrem Fischernetz fanden *(siehe S. 11)*. Ihre Geister und die Götter des Senso-ji-Heiligtums werden in Schreinen durch die Stadt getragen. *Karte R1 • Tempel Senso-ji • 3. Maiwochenende*

7 Bogenschießen zu Pferde

Yabusame, Bogenschießen zu Pferde, zählte zur Kriegskunst der Samurai. Um diese zu ehren,

Das dritte große Fest in Tokyo ist Sanno Matsuri, das in geraden Jahren u. a. mit Prozessionen vom Hie-Schrein gefeiert wird.

Bogenschießen zu Pferde

versuchen bei dieser Veranstaltung im Sumida-Park Männer in Samurai-Kostümen hoch zu Ross, drei Ziele in schneller Folge zu treffen. ✎ *Karte S1 • Sumida Koen, Taito-ku • Mitte Apr*

8 Feuerwerk am Sumida

Rund eine Million Tokyoter versammeln sich jährlich nahe Asakusa am Ufer des Sumida, um das Feuerwerk aus über 20 000 Raketen zu bewundern, das Himmel und Fluss erhellt. Die beste Sicht genießt man zwischen Shirahige- und Kototoi-bashi oder auf der Komagatabashi *(siehe S. 12f)*. ✎ *letzter Sa im Juli*

9 Tokyo Marathon

Die Japaner bewundern ihre Marathonläufer – besonders die Frauen, die schon Olympisches Gold holten. Für diesen Wettkampf gelten äußerst strikte Teilnahmebedingungen. Der Lauf beginnt am Tokyo Metropolitan Government Building. ✎ *Karte C4 • Mitte Feb*

10 Reinigungsriten

Im Winter werden in ganz Tokyo in einigen Schreinen Reinigungsriten ausgeführt. Junge Männer und Frauen, die im selben Jahr ihre Volljährigkeit feiern, stehen in Becken mit Eiswasser und übergießen sich mit dem bitterkalten Nass. ✎ *Karte F3 • Kanda-Myojin-Schrein • 10.–12. Jan*

Top 10 Blumen- & Pflanzenfeste

1 Pflaumenblüte

Die Tokyoter strömen zu den blühenden Bäumen am Yushima-Tenjin-Schrein. ✎ *Karte F2 • Ende Jan–Anfang März*

2 Kirschblüte

Unter dem rosaroten Blütendach in Parks und Gärten trifft man sich zum Picknick. ✎ *Anfang–Mitte Apr*

3 Pfingstrosenschau

Rosafarbene, rote und gelbe Pfingstrosen blühen am Toshogu-Schrein im Ueno-Park. ✎ *Karte F1 • Mitte April*

4 Azaleenfest

Azaleen blühen am Nezu-Schrein und im Östlichen Garten des Kaiserpalasts. ✎ *Karte E1 & L2/M2 • 10. Apr–15. Mai • Eintritt*

5 Schwertlilienblüte

Im Juni erblühen die Irisgärten am Meiji-Schrein und in Horikiri. ✎ *Karte B5 & D1 • Anfang–Mitte Juni*

6 Lotosblüte

Rosarote Seerosen zieren den Shinobazu-Teich im Ueno-Park. ✎ *Karte F2 • Juli/Aug*

7 Lampionblumenmesse

Die Ausstellung am Tempel Senso-ji ist sehr beliebt. ✎ *Karte R1 • 3842-0181 • 9./10. Juli*

8 Prunkwindenmarkt

Am Kishimojin-Tempel werden Tausende Töpfe mit den schönen Winden verkauft. ✎ *Karte C1 • 6.–8. Juli*

9 Chrysanthemenfest

Im Shinjuku-Gyoen-Garten findet eine wunderbare Ausstellung statt. ✎ *Karte B4 • Ende Okt–Mitte Nov*

10 Herbstlaub

Gelber Ginkgo, roter Ahorn und Blätter in allen Brauntönen leuchten in Tokyos Parks und alten Gärten. ✎ *Nov*

Das Kirschblütenfest hanami *(wörtlich »Blüten betrachten«) ist in Japan bereits seit über tausend Jahren Tradition.*

Links **Takarazuka Theater** Rechts **Asakusa Engei Hall**

TOP 10 Theater & Musikbühnen

1 No-Theater im Cerulean Tower

No-Stücke sind fast abstrakt, mit einem englischen Programmheft kann man den Geschichten von sich rächenden und umherwandernden Geistern aber folgen. Die Bühne im Cerulean Tower Tokyu Hotel *(siehe S. 130)* lebt von opulenten Kostümen, Masken und langsamem Tanz zu klangvoller Musik. ✆ *Tickets unter 3477-6412*

Plakat des No-Theaters im Cerulean Tower

2 Aoyama Round Theatre

Das interessant gestaltete Theater fasst 1200 Zuschauer. Es ist eines der wenigen Häuser mit Rundbühne. Gezeigt werden Musicals, moderner Tanz und Ballett. Da das Theater im Gebäude des National Children's Castle ansässig ist, gibt es auch Programme für Kinder. Die Tickets sind erschwinglich. ✆ *Karte S5 • 5-53-1 Jingumae, Shibuya-ku • 3797-5678 • 10–18 Uhr • www.aoyama.org*

3 Takarazuka Theater

Das 1914 gegründete Theater präsentiert sentimentale und romantische Stücke einzig mit weiblichen Darstellern – im Gegensatz zum rein männlichen Kabuki. *The Rose of Versailles* mit opulenten Kostümen und glorreichen Helden ist seit Langem beliebt. Programmhefte sind in Englisch erhältlich. ✆ *Karte M4 • 1-1-3 Yuraku-cho, Chiyoda-ku • 5251-2001*

4 Kanze No-Gakudo

Das Ensemble dieses No-Theaters gilt als eines der besten in Tokyo. Die spektakulären Dramen werden im Freien aufgeführt, die maskierten Darsteller von riesigen Fackeln beleuchtet. ✆ *Karte Q5 • 1-16-4 Shoto, Shibuya-ku • 3469-5241*

5 Shimbashi Embujo

Das Haus konzentriert sich auf Dramen, die den Konflikt zwischen Liebe und Pflicht thematisieren. »Super-Kabuki«, die Idee des Schauspielers Ennosuke Ichikawa, ist eine moderne Form des Dramas, die auch nicht japanische Zuschauer fesselt. ✆ *Karte N5 • 6-18-2 Ginza, Chuo-ku • 3541-2600*

6 Asakusa Engei Hall

Das Haus pflegt die Tradition des *rakugo*, des Erzählens komischer Geschichten. Die Vortragenden sitzen allein auf der Bühne und nutzen nur wenige Requisiten, meist nur einen Fächer. Als Ausländer kann man den Geschichten kaum folgen, doch allein die Atmosphäre lohnt einen Besuch. ✆ *Karte G2 • 1-43-12 Asakusa, Taito-ku • 3841–6545*

7 Puk Puka Teatro

Das Haus wurde 1971 als erstes modernes Puppentheater Japans erbaut. Neben hervorragenden japanischen Ensembles geben internationale Puppenspie-

Im Frühjahr (April & Mai) bietet das Shimbashi Embujo mit »Super-Kabuki« außergewöhnliches Theater.

ler Aufführungen. ✆ *Karte A4 • 2-12-3 Yoyogi, Shinjuku-ku • 3379-0234*

8 New National Theatre

Die drei Bühnen des Hauses – Playhouse, Opera House und The Pit – sprechen unterschiedliche Zielgruppen an. Interpretationen westlicher Klassiker von japanischen Avantgarde-Regisseuren sind sehr gefragt, ausländische Besucher bevorzugen meist visuell ansprechende Aufführungen wie modernen Tanz. ✆ *Karte A4 • 1-1-1 Hon-machi, Shibuya-ku • 5352-9999 • www.nntt.jac.go.jp*

9 Bunkamura Theater Cocoon

Das Theater Cocoon im riesigen Kulturzentrum Bunkamura bietet Konzerte, Musicals und Oper. Das mittelgroße Theater ist vor allem für modernen Tanz, Ballett und seine Zusammenarbeit mit spanischen Flamenco-Gruppen bekannt. ✆ *Karte Q5 • 2-24-1 Dogenzaka, Shibuya-ku • 3477-9999 • www.bunkamura.co.jp*

Kabuki-za Theater

10 Kabuki-za Theater

Das heutige Gebäude des mehrfach abgerissenen und wiederaufgebauten Theaters steht seit 2013. Die traditionellen, aus drei oder vier Akten bestehenden Kabuki-Aufführungen dauern oft mehrere Stunden. Karten für einen Akt erlauben Neulingen vorsichtigen Zugang *(siehe S. 73)*.

Top 10 Tokyo als Filmkulisse

1 Stray Dog (1949)
In dem Film sind seltene Bilder von Tokyos Innenstadt der Nachkriegszeit zu sehen.

2 Die Reise nach Tokyo (1953)
Yasujiro Ozus Klassiker über den Zerfall der japanischen Familie spielt größtenteils in der Innenstadt Tokyos.

3 Godzilla (1954)
Die Riesenechse wird von einer Atombombe geweckt und von japanischen Wissenschaftlern besänftigt.

4 Tagebuch eines Diebes in Shinjuku (1968)
Nagisa Oshimas furioser Film erkundet die Geisteshaltung junger radikaler Japaner.

5 Akira (1988)
Katsuhiro Otomos animierte Zukunftsvision basiert auf seinen eigenen Comics.

6 Tokyo Pop (1988)
In Fran Rubel Kuzuis Film verliert sich eine Amerikanerin in der Welt des Japan-Pop.

7 Shall We Dance? (1996)
Tokyo bei Nacht bot die Kulisse für den Film über einen Angestellten, der sein Glück im Tanzen findet.

8 Neon Genesis Evangelion (1997)
Hideaki Annos apokalyptische Anime-Fantasie in einer Tokyo ähnlichen Stadt ist Kult.

9 Kill Bill 1 (2003)
In dem Tarantino-Film hinterlässt Uma Thurman mit einem Samuraischwert bewaffnet eine Spur der Verwüstung.

10 Lost in Translation (2003)
Sofia Coppolas stereotyper Blick auf Tokyo wirkt etwas überholt, doch Bill Murray spielt einfach großartig.

Kunstgalerien **siehe S. 38f**

Links **Trommeln im Taikokan** Mitte **National Museum of Nature and Science** Rechts **Ueno Zoo**

TOP 10 Attraktionen für Kinder

1 Taikokan

Das interaktive Trommelmuseum besitzt über 600 Exemplare aus der ganzen Welt. Besonders schön sind die japanischen Festtrommeln. Die *taiko* (Trommeln) mit rotem Sticker darf man nicht berühren, die blau markierten nur vorsichtig ausprobieren. Instrumente ohne Sticker können Kinder ohne Scheu spielen.
Karte Q2 • 2-1-1 Nishi-Asakusa, Taito-ku • 3842-5622 • Mi–So 10–17 Uhr • Eintritt

2 Ghibli Museum

Das Museum zeigt Animationen, surreale Landschaften, skurrile Figuren und fantasievolle Kulissen des Zeichentrickfilmregisseurs Hayao Miyazaki. *Karte A2 • 1-1-83 Simorenjaku, Mitaka • 0570-055-777 • Mi–Mo 10–18 Uhr • Eintritt (Tickets vorab bei den auf der Website des Museums angegebenen Vertriebspartnern oder in einer Lawson-Filiale in Tokyo erwerben) • www.ghibli-museum.jp*

3 Kodomo no Shiro

Das »National Children's Castle« bietet Klettergerüste, ein Theater, ein Stockwerk mit Musikinstrumenten sowie Einräder, Gokarts und einen Spieldschungel auf dem Dach. *Karte S5 • 5-53-1 Jingumae, Shibuya-ku • 3797-5666 • variierende Öffnungszeiten • Eintritt*

4 KidZania

In Rollenspielen erleben Kinder unter 12 Jahren die Arbeitswelt der Erwachsenen, etwa als Polizist, Pizzabäcker oder TV-Moderator.
Karte D2 • Lalaport Toyosu, 2-4-9 Toyosu, Koto-ku • 3536-8405 • tägl. 9–15 Uhr & 16–21 Uhr • Eintritt • www.kidzania.jp/tokyo

5 Tako-no Hakubutsukan

Das Museum zeigt 3000 Drachen in verschiedensten Formen, vom Sumo-Ringer bis zum Tintenfisch. Einige Exemplare zieren Gesichter von Manga-Charakteren, Samuraikriegern und Kabuki-Darstellern *(siehe S. 69)*.

6 National Museum of Nature and Science

Vor dem Gebäude steht eine riesige Walfigur, in den Innenräumen erfährt man Spannendes über Dinosaurier, Fossilien, Asteroiden, das Meeresleben und vieles mehr *(siehe S. 83)*.

7 Shinagawa Aquarium

Besucher sehen Haie, Zitteraale und Seepferdchen, ein Unterwassertunnel führt in die faszinierende Welt der Tropenfische,

Kodomo no Shiro

Im Taikokan können Kinder auch Trommeln aus Sri Lanka oder dem Amazonasbecken ausprobieren.

Unterwassertunnel im Shinagawa Aquarium

Mantarochen und Schildkröten. Kinder lieben auch die Delfinshow. ✆ *Karte C1 • 3-2-1 Katsushima, Shinagawa-ku • 3762-3433 • Mi–Mo 10–17 Uhr • Eintritt • www.aquarium.gr.jp/en*

8 Tokyo Disney Resort

Micky und seine Freunde sorgen in dem Fantasieland mit Schlössern, Zauberbergen, Spukhäusern, Südseedörfern und Dampferfahrten für Spaß. ✆ *Karte B2 • 1-1 Maihama, Urayasu, Chiba • 045-683-333 • tägl. mind. 10–22 Uhr • Eintritt*

9 Tokyo Dome City

Im Vergnügungspark kann man im »Skyflower« den freien Fall erleben, Hauptattraktion ist aber die Achterbahn »Thunder Dolphin«. Im Spa-Komplex LaQua locken Restaurants und Läden. ✆ *Karte E2 • 1-3-61 Koraku, Bunkyo-ku • 5800-9999 • tägl. 10–21 Uhr (Park) • Eintritt • www.tokyo-dome.co.jp*

10 Ueno Zoo

Japans ältester Zoo (1882) präsentiert Pandabären, Gorillas, Affen und Königstiger. Eine Einschienenbahn fährt zum Streichelzoo. ✆ *Karte F1 • 9-83 Ueno-koen, Taito-ku • 3828-5171 • Di–So 9.30–17 Uhr • Eintritt • www.tokyo-zoo.net*

Top 10 Shopping für Kinder

1 Kiddyland

Fünf Etagen bieten Spielwaren. ✆ *Karte S4 • 6-1-9 Jungumae-Shibuya-ku • 3406-6308*

2 Crayon House

Das Familienzentrum mit Restaurant führt Spielzeug und Bücher. ✆ *Karte C5 • 3-8-15 Kita-Aoyama, Minato-ku • 3406-6308*

3 Hakuhinkan Toy Park

Neben neuesten Spielen locken kinderfreundliche Restaurants *(siehe S. 77)*.

4 BorneLund

Der Laden führt Importe ganz ohne Plastik. ✆ *Karte S4 • 1-3-12 Jingumae, Shibuya-ku • 5411-8022*

5 Yamashiroya Toy Shop

Der altmodische Laden ist gut sortiert. ✆ *Karte F2 • 6-14-6 Ueno, Taito-ku • 3831-2320*

6 Tsukumo Robot Kingdom

Wer kleine Tierroboter mag, ist in dem Laden richtig. ✆ *Karte F3 • Y1-9-7 Soto-Kanda, Chiyoda-ku • 3251-0987*

7 Aso Bit City

Das Sortiment umfasst Elektronik-Spielzeug, Eisenbahnen und Manga-Figuren. ✆ *Karte F3 • 1-15-18 Soto-Kanda, Chiyoda-ku • 5298-3581*

8 Sayegusa

Sayegusa bietet Kinderkleidung und Accessoires *(siehe S. 77)*.

9 Pokémon Center

Für Fans der »Taschenmonster« ist dies der beste Laden *(siehe S. 44)*.

10 Kuramae–Asakusabashi Toy Street

In der traditionellen Spielwarenstraße stellen Großhändler ihre Ware vor, bei manchen kann man gleich einkaufen. ✆ *Karte G3 • Kuramae, Taito-ku*

Tokyo Disney Resort im Internet **www.tokyodisneyresort.jp/en**

Links **clubasia** Rechts **Blue Note Tokyo**

TOP 10 Clubs

1 Blue Note Tokyo

Kennern gilt der beste Jazzclub Tokyos als den Filialen in Paris und New York ebenbürtig. Auf der Bühne treten herausragende internationale Jazzmusiker auf. Die Konzerte und Sessions decken Jazz, Fusion, Weltmusik und Soul ab. *Karte C6 • 6-3-16 Minami-Aoyama, Minato-ku • 5485-0088 • Veranstaltungstermine telefonisch erfragen • Eintritt • www.bluenote.co.jp*

2 Matrix Bar

Die nach dem Hollywood-Film benannte Bar spricht ein internationales Publikum an, das Reggae, Rock, R & B, Hip-Hop und Trance genießt. Das Angebot an Drinks ist großartig – bis 22 Uhr ist Happy Hour. *Karte D6 • Wind Building, 1. Stock B, 3-13-6 Roppongi, Minato-ku • 3405-1066 • tägl. 18–4 Uhr • www.matrixbar.jp*

3 328

Der Club ist seit langer Zeit etabliert, seine Geschichte reicht bis in die späten 1970er Jahre zurück. Die Bandbreite an Stilrichtungen in dem kleinen, oft überfüllten Lokal umfasst Soul und R & B ebenso wie Post-Punk, Disco-Klassiker und Electro. *Karte D6 • 3-24-20 Nishi-Azabu, 1. Stock B, Minato-ku • 3401-4968 • tägl. 20–5 Uhr • Eintritt*

4 Shinjuku Pit Inn

Der Jazzclub zählt zu den ältesten in Tokyo. Der musikalische Schwerpunkt liegt auf Fusion und neuem Jazz, aber auch traditionelle Bands geben Konzerte. Es treten internationale und einheimische Künstler auf. Im Eintrittspreis ist ein Getränk enthalten *(siehe S. 106)*.

5 Shinjuku Loft

Der etablierte Club präsentiert ein breites Konzert- und Veranstaltungsprogramm. Wenn Bands spielen, ist es sehr laut, zahmer sind die Abende, an denen einheimische, bisweilen auch internationale DJs auflegen. Der Club ist in zwei Areas aufgeteilt: Auf der Hauptbühne finden Konzerte statt, in einem kleinen erhöhten Bereich können Gäste an der Bar entspannen *(siehe S. 106)*.

328

6 Womb

Fans von Techno, House und Drum 'n' Bass lieben den Club – in ganz Tokyo findet man kaum eine größere Tanzfläche. Die riesige Discokugel über der Tanzfläche perfektioniert die eindrucks-

Womb

volle Light Show, ein extrastarkes Lüftungssystem sorgt für angenehme Temperaturen. In jeder der vier Etagen des Clubs gibt es eine Bar. *Karte Q6 • 2-16 Maruyama-cho, Shibuya-ku • 5459-0039 • tägl. 21–5 Uhr • Eintritt • www.womb.co.jp*

7 Club Harlem

Der größte Hip-Hop-Club in Tokyo besitzt ein eigenes Magazin und ein Plattenlabel. Regionale DJ-Größen wie Ken Bo und DJ Toyo legen aber auch Rap, R & B und Funk auf. Der Club Harlem ist ein guter Ort, um Japans Hip-Hop-Szene kennenzulernen. *Karte Q6 • Dr. Jeekahn's Building, 2. & 3. Stock, 2-4 Maruyama-cho, Shibuya-ku • 3461-8806 • Di–Sa 22–5 Uhr • Eintritt • www.harlem.co.jp*

8 Salsa Sudada

Salsa spielt in der Clubszene Tokyos seit längerer Zeit eine Rolle. Zum Publikum des Salsa Sudada zählen Japaner ebenso wie Brasilianer, Kolumbianer und Peruaner, die in der Stadt leben. Für interessierte Neulinge werden in dem Club jeden Abend Tanzstunden angeboten. *Karte C6 • Fusion Building, 3. Stock, 7-13-8 Roppongi, Minato-ku • 5474-8806 • tägl. 18–6 Uhr • Fr & Sa Eintritt*

9 ageHa

Der größte Club Tokyos ist ein Muss für alle, die eine ganze Nacht lang tanzen wollen. Auf der Haupttanzfläche sind Livemusik und berühmte DJs zu hören. Zu den Outdoor-Bereichen zählen eine Tanzfläche in einem Zelt, ein Sitzbereich mit Strandthema und ein Swimmingpool mit Bar. Der Club liegt am Ende der U-Bahnlinie Yurakucho, von und zum Bahnhof Shibuya verkehren die ganze Nacht hindurch Busse. *Karte H6 • 2-2-10 Shin-kiba, Koto-ku • 5534-1515 • Fr, Sa & gelegentliche Veranstaltungen an Werktagen • Eintritt • www.ageha.com*

10 clubasia

In dem bei Einheimischen beliebten Club mit exzellentem Soundsystem, drei Bars und zwei Tanzflächen spielen renommierte DJs Techno, House, Electro und Dubstep. *Karte Q5 • 1-8 Maruyama-cho, Shibuya-ku • 5458-2551 • ab 23 Uhr • Eintritt • www.clubasia.co.jp*

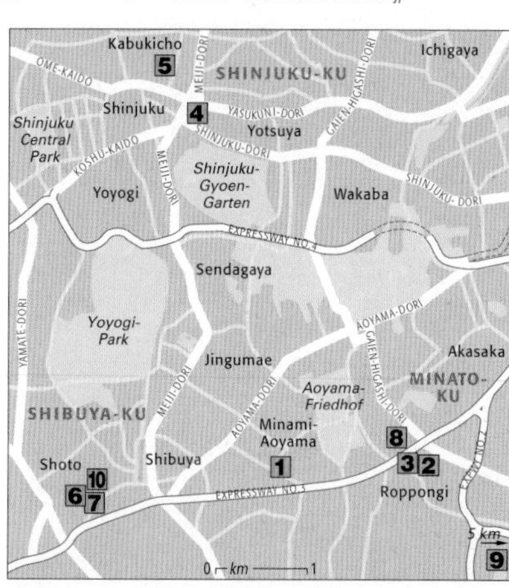

Popkultur siehe S. 44f

STADTTEILE

Links **Bridgestone Museum of Art** Rechts **Bahnhof Tokyo**

Zentrum

DER HISTORISCHE STADTKERN *mit der Burg Edo und ihren Gräben, Steinwällen und Brücken definierte einst die Machtstrukturen des Kaiserreichs. Die Händler wohnten im Osten, die Samurai und die Adeligen im Süden und im Westen. Die Struktur ist zum Teil noch heute zu erkennen: der Kaiserpalast in der Mitte, der Finanzdistrikt im Osten, Parlament, Gerichte und Polizeipräsidium im Süden. Brände, Erdbeben, Luftangriffe und bauliche Erschließungen haben das Areal stark verändert, doch die Umrisse des Stadtkerns blieben erhalten. Das Viertel wurde zu einer lebhaften Besucherattraktion.*

TOP 10 Attraktionen

1. Östlicher Garten des Kaiserpalasts
2. Galerie für Kunsthandwerk
3. Bridgestone Museum of Art
4. Bahnhof Tokyo
5. Marunouchi Building
6. Nihonbashi
7. Bank of Japan
8. Tokyoter Börse
9. Tako-no Hakubutsukan
10. Tokyo Station Gallery

Nihonbashi

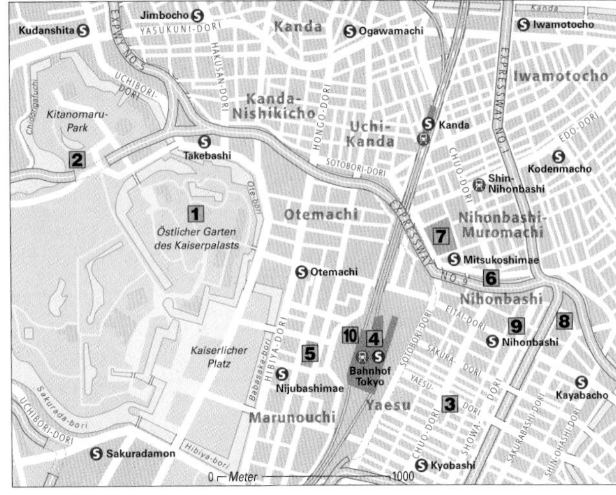

Vorhergehende Doppelseite
Tsurugaoka-Hachimangu-Tempel in Kamakura

Östlicher Garten des Kaiserpalasts

1 Östlicher Garten des Kaiserpalasts

Der Garten wurde im 17. Jahrhundert von Kobori Enshu gestaltet und 1968 restauriert. Das Areal rund um den Teich mit den Kiesufern, dem Wasserfall, der Brücke, dem Teepavillon und den Steinlaternen bildet den Kern der ursprünglichen Anlage. Im Frühjahr blühen Pflaumen, Kirschen und Azaleen, im Sommer Iris und andere Lilien, im Herbst sorgen Hagi-Sträucher, Kamelien und Ahornlaub für Farbe. *Karte L2 • Chiyoda, Chiyoda-ku • Di–Do, Sa & So 9–16.30 Uhr (Mai–Aug bis 17 Uhr)*

2 Galerie für Kunsthandwerk

Das 1910 aus Ziegeln und Stein errichtete Gebäude war einst Hauptquartier der Kaisergarde. Heute widmet es sich als Teil des National Museum of Modern Art der japanischen Volkskunst *(mingei)*, die Mitte des 20. Jahrhunderts schöne Gebrauchsobjekte hervorbrachte. Die Ausstellungen – Töpferwaren, Textilien und Arbeiten aus Glas, Lack, Metall und Bambus – kreisen meist um ein Thema oder um einzelne Künstler, die mit traditionellen Techniken und Materialien arbeiteten. *Karte K1 • 1-1 Kitanomaru-koen, Chiyoda-ku • 5777-8600 • Di–So 10–17 Uhr • Eintritt • www.momat.go.jp*

Galerie für Kunsthandwerk

3 Bridgestone Museum of Art

Das bedeutende Museum wurde 1952, in den Trümmerjahren der Nachkriegszeit, gegründet. Die Sammlung umfasst neben einigen japanischen vor allem französische Impressionisten, u. a. seltene Werke von Matisse und Renoir, und spiegelt damit die japanische Vorliebe für alles Französische wider. Sie birgt aber auch antike griechische Statuen sowie moderne und abstrakte europäische Werke. *Karte N3 • 1-10-1 Kyobashi, Chuo-ku • 3563-0241 • Di–Sa 10–18 Uhr (Fr bis 20 Uhr) • Eintritt • www.bridgestone-museum.gr.jp*

4 Bahnhof Tokyo

Das 1914 von Kingo Tatsuno entworfene Gebäude im Queen-Anne-Stil soll Amsterdams Centraal Station nachempfunden sein und zeigt Japans Hinwendung zu westlicher Architektur. Dank des Stahlgerüsts überstand es 1923 das Erdbeben, im Zweiten Weltkrieg verlor es jedoch zwei Stockwerke samt Kuppeln, die derzeit wiederhergestellt werden. *Karte N3 • 1-9-1 Marunouchi, Chiyoda-ku*

Im Östlichen Garten des Kaiserpalasts sind Relikte der originalen Befestigungsanlagen der Burg Edo zu sehen.

Marunouchi Building

5 Marunouchi Building

Das kurz »Marubiru« genannte Gebäude war das erste Bauwerk, von dem man in die kaiserliche Palastanlage blicken konnte. Die Restaurants an der Spitze des 36-stöckigen Turms erlauben spektakuläre Ausblicke. Der fünfstöckige Gebäudesockel stammt noch vom ursprünglichen Vorkriegsbau, dessen Dreifachbogen in die Fassade integriert wurde. In den fünf Etagen finden sich Feinkostläden, Restaurants, Boutiquen und eine amerikanische Apotheke. *Karte M3 • 2-4-1 Marunouchi, Chiyoda-ku • 5218-5100*

6 Nihonbashi

Die Brücke, die in der Geschichte Tokyos eine wichtige Rolle spielte, ist auf vielen alten *Ukiyo-e*-Drucken zu sehen. Das heutige Bauwerk stammt von 1911. Für die Olympischen Spiele 1964 wurden Kanäle und Flüsse zugeschüttet und ein Netz aus erhöhten Schnellstraßen errichtet. Eine Bronzetafel markiert den Kilometer null, von dem aus alle Entfernungen in Japan gemessen werden. *Karte P2 • Nihonbashi, Chuo-ku*

Bau der Burg Edo

Die 1640 erbaute Burg Edo war mit 21 Wachtürmen, 28 Arsenalen, 30 Brücken und 110 Toren zu jener Zeit die größte Festung der Welt. Für die unüberwindbaren Mauern schaffte man gewaltige Steinquader von der Halbinsel Izu heran. Um diese vom Schiff zur Burg zu bringen, waren über 100 Männer nötig. Die Steine stehen noch, die hölzerne Burg existiert nicht mehr.

7 Bank of Japan

Die Bank befindet sich am einstigen Standort der Münze des Shogunats. Das Gebäude wurde 1896 von Kingo Tatsuno, der auch den Bahnhof Tokyo entwarf, erbaut. Es war das erste, das ein japanischer Architekt im westlichen Stil gestaltete. Die Bank ist in New Building und Old Building unterteilt. Im New Building finden die Bankgeschäfte statt, das Old Building dient vorwiegend als »Architekturmuseum«. *Karte N2 • 2-1-1 Nihonbashi-Hongokucho, Chuo-ku • 3279-1111 • Führung (englisch): Di 15–16 Uhr • www.boj.or.jp*

8 Tokyoter Börse

Heute werden die Börsengeschäfte am Computer erledigt. Ein Parkett, auf dem die Handelszeit durch das Abbrennen eines Taus gemessen wurde, gibt es nicht mehr, Aktiennamen und Kurse erscheinen an einem riesigen Glaszylinder. Die 40-minütigen Führungen in englischer Sprache erläutern Geschichte und Funktion der Börse. *Karte P3 • 2-1 Nihonbashi-Kabutocho, Chuo-ku • 3665-1881 • Mo–Fr 9–16.30 Uhr; Führungen (englisch): 13.30 Uhr • www.tse.or.jp*

Tokyoter Börse

Für die kostenlose englischsprachige Führung der Bank of Japan ist eine Anmeldung mindestens eine Woche im Voraus nötig.

9 Tako-no Hakubutsukan

Das Museum birgt rund 3000 Drachen aus aller Welt, die meisten stammen aus Japan und China. Die japanischen Drachen sind mit realen und mythologischen Figuren, Tieren und Landschaften wie heiligen Bergen verziert. Die Rahmen sind aus Bambus gefertigt, die Bespannung besteht aus *washi*, dem hochwertigen Papier aus dem Bast des Maulbeerbaums. Die Bildkonturen sind mit Zeichentusche gezogen, damit die Farbpigmente nicht ineinanderlaufen.

Karte P3 • Taimeiken, 5. Stock, 1-12-10 Nihonbashi, Chuo-ku • 3271-2465 • Mo–Sa 11–17 Uhr • Eintritt • www.tako.gr.jp

Exponat im Drachenmuseum

10 Tokyo Station Gallery

Die interessante kleine Galerie ist im historischen Gebäude des Tokyoter Bahnhofs untergebracht. Die Ziegelwände des Bahnhofsgebäudes bilden eine reizvolle Kulisse für die Gemälde und Fotografien. Gezeigt werden vorwiegend japanische Ölgemälde und Aquarelle, aber auch einige internationale Kunstwerke.

Karte N3 • 1-9-1 Marunouchi, Chiyoda-ku • 3212-2485 • Di–So 10–18 Uhr (Fr bis 20 Uhr) • Eintritt • www.ejrcf.or.jp/en_zh/gallery/index_en.html

Ein Tag im historischen Tokyo

Vormittag

Um etwa 10 Uhr, nach dem morgendlichen Pendleransturm, verlassen Sie den Bahnhof Kudanshita an der Yasukuni-dori und wenden sich nach links zum 1930 in einem Mix aus Art déco und japanischem Stil erbauten Kudan Kaikan. Zurück auf der Hauptstraße geht es bergauf zum **Yasukuni-Schrein** *(siehe S. 37)*. Verzichten Sie auf das Militärmuseum und bewundern Sie lieber die Kirschbäume in den Grünanlagen. Trinken Sie einen Tee am Teich oder durchqueren Sie den Kitanomaru-Park, um zur Galerie für Kunsthandwerk zu gelangen, die im ehemaligen Hauptquartier der Kaisergarde ansässig ist.

Nachmittag

Auf der anderen Seite der Hauptstraße leiten Sie Schilder zum Tayasu-mon, einem Holztor, das in den Kitanomaru-Park führt. Auf dem Weg sehen Sie einen Turm aus der Meiji-Zeit. Verweilen Sie im Park am **Nippon Budokan** *(siehe S. 8)*, der Kampfsporthalle, in der schon die Beatles auftraten. Weiter geht es südwärts zum **Östlichen Garten des Kaiserpalasts**, in dem einst die Burg Edo, die Zitadelle des Shoguns, stand. Von deren Ruinen überblickt man den Garten. Weiter südlich tummeln sich am Babasaki-Graben Schwäne, Silberreiher und Schildkröten. Überqueren Sie die geschäftige Hibiya-dori, um zum **Bahnhof Tokyo** zu gelangen, einem schönen Gebäude von 1914. Beenden Sie die Tour mit einem Drink in der Bar des **Mandarin Oriental** *(siehe S. 126)*.

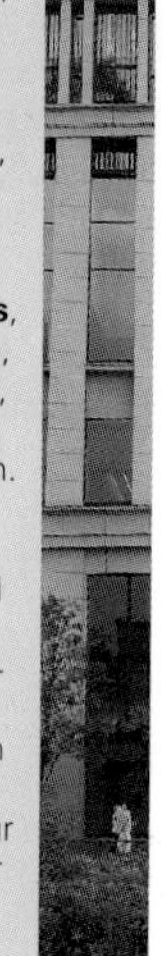

Die Tokyo Station Gallery wurde 1988 eröffnet, um dem Bahnhof kulturelle Aufmerksamkeit zukommen zu lassen.

Links **Pokémon Center** Mitte **Wegweiser zur Naka-dori** Rechts **Mitsukoshi**

TOP 10 Shopping

1 Shin-Marunouchi Building

Die ausgedehnte Shopping Mall des Wolkenkratzers umfasst über 150 Läden von der Bäckerei bis zur Boutique. *Karte M3 • 1-5-1 Marunouchi, Chiyoda-ku • 5218-5100*

2 Naka-dori

An der eleganten, von Bäumen gesäumten Straße liegen edle Boutiquen von Hermès, Tiffany, Emporio Armani u. a. *Karte M4 • 1-chome-3-chome Marunouchi, Chiyoda-ku*

3 Mitsukoshi

Die Hauptfiliale der ältesten Kaufhauskette Japans bietet Kleidung, Schmuck, Haushaltswaren, Textilien und Kunsthandwerk. *Karte P2 • 1-4-1 Muromachi, Nihonbashi, Chuo-ku • 3241-3311*

4 Oazo

In dem großen Glasbau mit Läden, Cafés und Restaurants befindet sich auch der englische Buchladen Maruzen. *Karte N2 • 1-6-4 Marunouchi, Chiyoda-ku • 5218-5100*

5 Muji

Der Laden bietet zwar keine bekannten Marken, ist aber für schicke preiswerte Mode, Möbel und Haushaltswaren bekannt. *Karte N3 • 3-8-3 Marunouchi, Chiyoda-ku • 5208-8241*

6 Pokémon Center

Neben Pokémon-Fanartikeln aller Art bietet das Center auch Computerspiele für Kinder an *(siehe S. 44)*.

7 Ebisu-Do Gallery

Die Galerie ist auf *Ukiyo-e*-Holzdrucke spezialisiert. Originale beginnen bei 25 000 Yen, gute Reproduktionen bei 3000 Yen. *Karte E3 • Inagaki Bldg., 4. Stock, 1-9 Kanda-Jimbocho, Chiyoda-ku • 3219-7651*

8 Yamamoto Yama

Teeliebhaber erhalten in dem Laden neben erstklassigen Sorten aus Japan und China auch Utensilien für die Teezeremonie, etwa Bambusbesen, Wasserkessel und Teeschalen. *Karte P3 • 2-5-2 Nihonbashi, Chuo-ku • 3281-0010*

9 Ohya Shobo

Der 1882 gegründete Laden verkauft *Ukiyo-e*-Holzdrucke und antiquarische Bücher zu guten Preisen. *Karte E3 • 1-1 Kanda-Jimbocho, Chiyoda-ku • 3291-0062*

10 Isseido

Die seit 1913 bestehende antiquarische Buchhandlung weist noch die originalen Art-déco-Elemente auf. Im zweiten Stock findet man alte englische Bücher und seltene Karten. *Karte E3 • 1-7 Kanda-Jimbocho, Chiyoda-ku • 3292-0071*

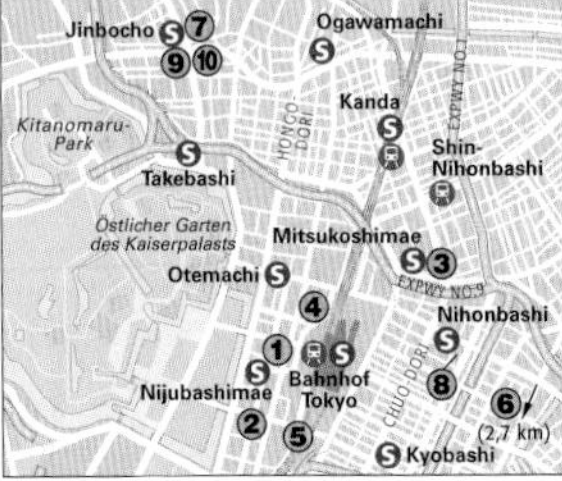

Das Kaufhaus Mitsukoshi verfügt über eine großartige Auswahl an Kimonos.

Preiskategorien

Preis für ein durchschnittliches Abendessen pro Person (Mittagsmenüs sind meist günstiger).		
	¥	unter 2000 ¥
	¥¥	2000–5000 ¥
	¥¥¥	5000–10 000 ¥
	¥¥¥¥	über 10 000 ¥

Links **Dhaba India** Rechts **Aroyna Tabeta**

TOP 10 Restaurants

1 Brasserie aux Amis
In reizendem Ambiente wird rustikale Küche serviert. Zum *plat du jour poisson* schmeckt Wein aus dem großen Angebot. *Karte M3 • Shin-Tokyo Bldg., 1. Stock, 3-3-1 Marunouchi, Chiyoda-ku • 6212-1566 • ¥¥*

2 Bar de España Muy
Spezialität der katalanischen Tapas-Bar ist schwarzer Tintenfisch, dazu ein Glas Cava. *Karte M3 • Tokyo Building Tokia, 2. Stock, 2-7-3 Marunouchi, Chiyoda-ku • 5224-6161 • ¥¥*

3 Dhaba India
Das südindische Lokal serviert Thalis und Masala Dosas mit Basmatireis. *Karte N3 • Sagami Building, 1. Stock, 2-7-9 Yaesu, Chuo-ku • 3272-7160 • ¥*

4 Breeze of Tokyo
Das elegante Logal bietet französische und japanische Gerichte, Cocktails und 30 Champagnersorten. *Karte M3 • Marunouchi Building, 36. St., 2-4-1 Marunouchi, Chiyoda-ku • 5220-5551 • ¥¥*

5 Antwerp Central
Die exzellente Bar serviert belgische Speisen und belgisches Bier. *Karte M3 • Tokyo Building Tokia, 2-7-3 Marunouchi, Chiyoda-ku • 5288-7370 • ¥¥*

6 Aroyna Tabeta
In dem schlichten Lokal schmecken scharfe grüne und rote Currys und gebratene Nudeln. *Karte M3 • 3-7-11 Marunouchi, Chiyoda-ku • 5219-6099 • ¥*

7 Yukari
Unter den delikat gewürzten Fischgerichten mit köstlichen Saucen empfehlen sich Meeraal, Schnapper und Krebse mit japanischen Zitrusfrüchten besonders. *Karte N3 • 3-2-14 Nihonbashi, Chuo-ku • 3271-3436 • So geschl. • ¥¥*

8 Roast Chicken House
Spezialität des Hauses ist Dattelhuhn aus Freilandhaltung. Die Weine, Sake-Sorten und Säfte stammen aus biologischem Anbau. *Karte M3 • New Tokyo Building, B1, 3-3-1 Marunouchi, Chiyoda-ku • 5220-5588 • So & Feiertage geschl. • ¥¥*

9 Salt
Australische Weine ergänzen die fischbetonte Fusionsküche perfekt. *Karte M3 • Shin-Marunouchi Building, 6. Stock, 1-5-1 Marunouchi, Chiyoda-ku • 5288-7828 • So geschl. • ¥¥*

10 En
Die gute Auswahl regionaler Speisen beinhaltet geräucherte Auberginen und gegrillten Lachsbauch. *Karte N2 • Oazo Building, 5. St., 1-6-4 Marunouchi, Chiyoda-ku • 5223-9896 • ¥¥*

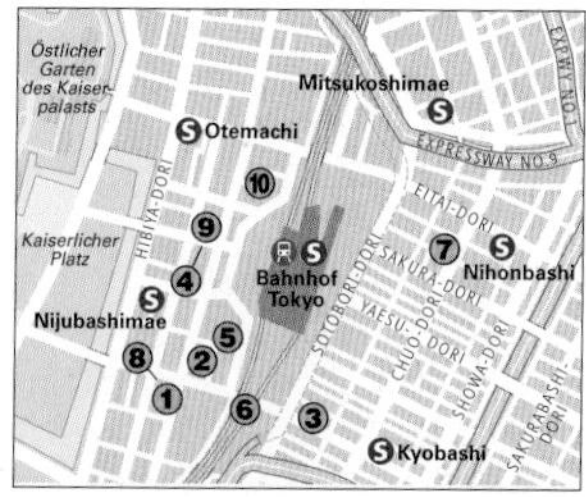

Restaurant-Tipps siehe S. 125

Links **Sony Building** Rechts **Advertising Museum Tokyo (ADMT)**

Ginza

DIE GINZA war einst Standort der Silbermünze des Shogunats und stand schon immer für Handel und Wohlstand. Nach der Brandkatastrophe von 1872 ließ die Regierung den Stadtteil von dem irischen Architekten Thomas Waters mit Ziegeln wiederaufbauen. Schnell wurde er zum führenden Geschäfts- und Vergnügungsviertel – mit Japans ersten Gaslampen, Straßenbahnen und Kaufhäusern westlichen Stils. Herzstück ist die Ginza 4-chome, eine Kreuzung mit schicken Läden. Die Ginza besitzt kosmopolitisches Flair. Dank der Teehäuser, Duft- und Kalligrafieläden, gehobenen Sushi-Lokale und traditionellen Theater bietet sie Besuchern auch ein typisch japanisches Shopping- und Kulturerlebnis.

Kabuki-za Theater

Top 10 Attraktionen

1. Sony Building
2. Kabuki-za Theater
3. National Film Center
4. Idemitsu Museum of Arts
5. Hibiya-Park
6. Tokyo International Forum
7. Shiodome & Caretta Shiodome
8. Advertising Museum Tokyo (ADMT)
9. Hama-rikyu-Garten
10. Tsukiji-Fischmarkt

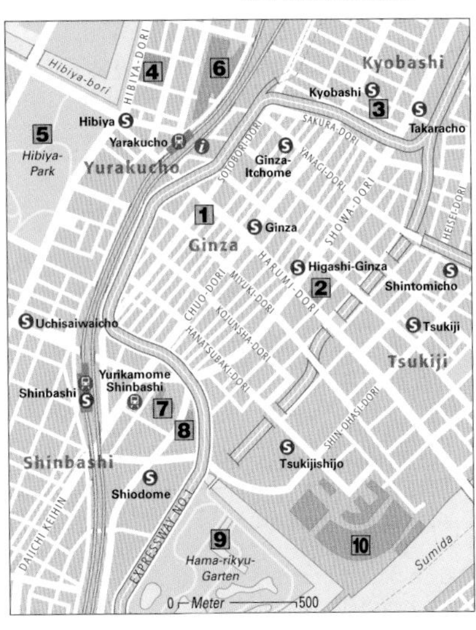

In Tokyo unterwegs **siehe S. 117**

1 Sony Building

Die Ausstellung, die sich über acht Etagen erstreckt, bietet Besuchern einen Vorgeschmack auf die Formen und Klänge zukünftiger Modelle und Technologien von Sony. In der PlayStation-Halle im sechsten Stock kann man die neuesten Spiele testen. In den beiden Etagen im Souterrain der Sony Plaza gibt es Neuheiten und Spaßartikel zu kaufen. Die Hi-Vision-Kinos bieten Entspannung. *Karte M4 • 5-3-1 Ginza, Chuo-ku • 3573-2371 • tägl. 11–19 Uhr • www.sonybuilding.jp*

2 Kabuki-za Theater

Nach der Zerstörung durch Luftangriffe wurde das Theater 1950 wieder aufgebaut. Es wurde nach dem Vorbild des im Stil der mittelalterlichen Momoyama-Zeit gehaltenen, 1925 errichteten ursprünglichen Gebäudes gestaltet. Die Mischung aus klassisch japanischer und westlicher Architektur ist beeindruckend. Das Haus schmücken Banner, rote Laternen und bunte Plakate. Bei der 2013 vollendeten Renovierung wurden einige der historischen architektonischen Elemente beibehalten, z. B. der *hanamachi* (Blumenweg), ein Laufsteg, der in den Zuschauerraum hineinführt. *Karte N5 • 4-12-15 Ginza, Chuo-ku • 3545-6800*

3 National Film Center

Das National Film Center gehört zum National Museum of Modern Art. Es ist die einzige Institution des Landes, die sich dem Studium und der Verbreitung von japanischen und ausländischen Filmen widmet. Die Sammlung von rund 40 000 Filmen beinhaltet zahlreiche restaurierte japanische Klassiker. Das Haus verfügt über zwei Kinosäle. Im vierten Stock befindet sich eine Fachbibliothek. In den Ausstellungsräumen im siebten Stock sind Stillleben, Fotografien und Exponate zu filmischen Themen zu sehen. Zuweilen werden Filmreihen mit japanischen Meisterwerken präsentiert, meist mit englischen Untertiteln. *Karte N4 • 3-7-6 Kyobashi, Chuo-ku • 3561-0823 • Zeiten telefonisch erfragen • Eintritt • www.momat.go.jp*

National Film Center

4 Idemitsu Museum of Arts

Mit dem Reichtum des Ölbarons Sazo Idemitsu wuchs auch dessen Leidenschaft für japanische und asiatische Kunst. Das Museum birgt eine vielseitige Sammlung von *Ukiyo-e*-Drucken, Gemälden, Bronzen, Keramiken, Lackarbeiten und goldbemalten Wandschirmen. Die Kalligrafiebestände umfassen die weltgrößte Sammlung von Werken des Zen-Mönchs Sengai. Auch Arbeiten aus China, Korea und dem Nahen Osten sind zu sehen. Ein Raum mit Tonscherben im neunten Stock bietet schönen Blick auf den Kaiserpalast. *Karte M4 • Teigeki Building, 9. Stock, 3-1-1 Marunouchi, Chiyoda-ku • 5777-8600 • Di–So 10–17 Uhr (Fr bis 19 Uhr) • Eintritt • www.idemitsu.com/museum*

Weitere Museen in Tokyo **siehe S. 34f**

5 Hibiya-Park

Das Grundstück, einst im Besitz einer von Shogun Ieyasu weniger begünstigten Adelsfamilie, diente einige Zeit als Exerzierplatz. 1903 entstand auf dem Gelände Tokyos erster Park westlichen Stils. Europäische Elemente wie Musikpavillons, eine Freilichtbühne, ein Rosengarten und ein Brunnen mit bronzenen Reihern in einem Spalier aus Glyzinien wurden mit einem hübschen kleinen Japanischen Garten, Steingruppen und von Kirschbäumen gesäumten Wegen kombiniert. *Karte L4 • 1 Hibiya Koen, Chiyoda-ku • 3501-6428*

6 Tokyo International Forum

Das 1996 von Rafael Viñoly gestaltete majestätische Kultur- und Kongresszentrum zählt zu den architektonischen Wundern der Stadt. Vier unterschiedlich große, granitverkleidete Würfel grenzen an ein Atrium in Form einer sich verjüngenden Ellipse aus Stahl und Glas, das passenderweise den Namen »Glas Hall« trägt. In den transparenten Laufröhren, die das gläserne Atrium in schwindelnder Höhe durchziehen, fühlt man sich wie in einer Kristallwelt über der Stadt. *Karte M3 • 3-5-1 Marunouchi, Chiyoda-ku • 5221-9000*

Tokyo International Forum

Caretta Shiodome

7 Shiodome & Caretta Shiodome

Das Shiodome genannte Areal gleicht einer futuristischen Stadt in der Stadt. Es umfasst eine Gruppe von Wolkenkratzern, zu der der Shiodome Media Tower und das Hotel Conrad Tokyo gehören, eine italienische Piazza, Restaurants, Cafés und Bars. Das 47 Stockwerke hohe Caretta Shiodome birgt ca. 60 Läden, Restaurants und Cafés. Es ist durch unterirdische Gänge mit anderen Shopping Malls verbunden. *Karte M5 • Caretta Shiodome: www.caretta.jp*

8 Advertising Museum Tokyo (ADMT)

Das von der Werbeagentur Dentsu geförderte Museum zeichnet die Geschichte der Werbung in Japan nach – von farbigen Holzdrucken bis zu aktuellen TV-Spots. Die Museumsbibliothek, das einzige Archiv in Japan, das sich ausschließlich der Werbung widmet, birgt bereits mehr als

Taisho-Chic

Als zur Taisho-Zeit (1912–26) in Tokyo ein liberalerer Wind wehte, blühte in der Ginza die Popkultur auf. Damals wurde das »Moderne Mädchen« geboren, ein Produkt aus europäischer Mode, amerikanischem Jazz und dem Kult um Filmdiven. Mit Pagenschnitt oder Bubikopf standen die Mädchen für Selbstvertrauen und Stil einer neuen Zeit, die traditionelle japanische Werte auf die Probe stellte.

Im Hibiya-Park findet Ende Oktober bis November ein farbenprächtiges Chrysanthemenfest statt.

150 000 Beispiele in digitaler Form. ✆ *Karte M5 • Caretta Shiodome, 1. & 2. Stock B, 1-8-2 Higashi-Shimbashi, Minato-ku • 6218-2500 • Di–Fr 11–18.30 Uhr, Sa, So & Feiertage 11–16.30 Uhr • www.admt.jp*

Hama-rikyu-Garten

9 Hama-rikyu-Garten

1654 ließ der jüngere Bruder des Shoguns Ietsuna an diesem Ort Teile der Bucht aufschütten und eine Villa bauen. Die Gartenanlage, die Shogun Ienari später fertigstellte, ist im Kern erhalten. Glanzlicht ist der große Gezeitenteich mit durch Holzbrücken verbundenen kleinen Inseln und einem Teepavillon. Neben Kräuselmyrte, Schwertlilien, Bambus, Kirsch- und Pflaumenbäumen wachsen in dem Garten auch über 600 Arten von Pfingstrosen. ✆ *Karte M6 • 1-1 Hama-rikyu-teien, Chuo-ku • 3541-0200 • tägl. 9–17 Uhr • Eintritt*

10 Tsukiji-Fischmarkt

Auf dem auch Tokyo Central Wholesale Market genannten Markt werden täglich mehr als 400 Sorten Fisch und Meeresfrüchte versteigert. Aale kommen aus Taiwan, Lachs aus Chile und Kanada, Thunfisch aus Tasmanien und Garnelen aus Thailand. Viele kleine Läden verkaufen Messer, Küchenutensilien, billiges Geschirr und Bambuswaren. Einige Bereiche sind für Besucher gesperrt. ✆ *Karte N6 • Tsukiji, Chuo-ku • So geschl.*

Ein Shopping-Tag in der Ginza

Vormittag

Beginnen Sie den Tag in der Ginza schon früh und nehmen Sie am Bahnhof den Ausgang 4-chome. Nach einem Kaffee in dem eleganten Le Café Doutor Ginza gehen Sie zum Kaufhaus Mitsukoshi hinüber, um dem 10-Uhr-Läuten der großen Uhr zu lauschen, bevor Sie zum schlanken Christian Dior Building und wieder zurück zur 4-chome schlendern. Das Wako bzw. **Hattori Building** *(siehe S. 48)* an der Kreuzung ist seit 1932 ein Wahrzeichen der Ginza. Nebenan bietet die Bäckerei **Kimuraya** *(siehe S. 77)* die lokale Spezialität *anpan*. Zurück am Mitsukoshi mit dem Bronzelöwen stöbern Sie in edlen Waren und besuchen den Shinto-Schrein im Dachgeschoss, den Opfergaben zieren. In der reich bestückten Lebensmittelabteilung im Untergeschoss lockt ein Mittagssnack.

Nachmittag

Nun überqueren Sie die Straße und bummeln auf der Shoppingmeile Chuo-dori nach Nordwesten, vorbei am Zuchtperlenimperium **Mikimoto** *(siehe S. 77)*, bis zur Maronnier-dori. Links liegt eine Filiale der französischen Kaufhauskette Printemps. Queren Sie die Chuo-dori und wenden Sie sich nach rechts, um bei Matsuya in japanischen Souvenirs zu stöbern. Zurück an der 4-chome können Sie gegenüber in der Nissan Gallery die neuesten Modelle bewundern, bevor es weiter zum schicken Kaufhaus **Matsuzakaya** geht. Verdiente Stärkung bietet die nahegelegene **Lion Beer Hall** *(siehe S. 55)*.

Die Läden und Stände beim Tsukiji-Fischmarkt bieten gute und preiswerte Speisen an, etwa Sushi, Tempura oder Currys.

Links **Shiseido Gallery** Mitte **Nikon Plaza Ginza** Rechts **LIXIL Gallery**

TOP 10 Galerien

1 Tokyo Gallery
Die Galerie zeigt neue Kunst aus Japan, Korea und China. Das Personal spricht Englisch. *Karte M5 • Daiwa Shunya Building, 7. Stock, 8-10-5 Ginza, Chuo-ku • 3571-1808 • Di–Fr 11–19 Uhr, Sa 11–17 Uhr*

2 Galleria Grafica Tokyo
Der erste Stock birgt Werke von jungen Künstlern, der zweite Drucke und Lithografien von Picasso und anderen großen Meistern. *Karte M5 • Ginza S2 Building, 1. & 2. Stock, 6-13-4 Ginza, Chuo-ku • 5550-1335 • Mo–Sa 11–19 Uhr*

3 Vanilla Gallery
Die Galerie zeigt erotische Kunst aus Japan und anderen Ländern. *Karte M5 • Tosei Building, 2. Stock B, 8-10-7 Ginza, Chuo-ku • 5568-1233 • Mo–Fr 12–19 Uhr, Sa 12–17 Uhr*

4 Shiseido Gallery
Präsentiert werden zeitgenössische japanische und internationale Künstler, Retrospektiven und Ausstellungen zum Thema Mode. *Karte M5 • Tokyo Ginza Shiseido Building, B1, Chuo-ku • 3572-3901 • Di–Sa 11–19 Uhr, So 11–18 Uhr*

5 Gallery Koyanagi
Führende Foto- und Druckkünstler aus Japan und der Welt stellen aus. *Karte N4 • 1-7-5 Ginza, Chuo-ku • 3561-1896 • Di–Sa 11–19 Uhr*

6 Gallery Q
Die Galerie präsentiert Werke neu entdeckter Künstler aus Japan und ganz Asien. *Karte N4 • Kusumoto Dai 17 Building, 3. Stock, 1-14-12 Ginza, Chuo-ku • 3535-2524*

7 Ginza Graphic Gallery
Die Galerie für japanisches Grafikdesign wird von dem großen Hersteller im Druckwesen Dai Nippon Printing unterstützt. *Karte M5 • DNP Ginza Building, 1. Stock, 7-7-2 Ginza, Chuo-ku • 3571-5206 • Mo–Fr 11–19 Uhr, Sa 11–18 Uhr*

8 Nikon Plaza Ginza
Werke und Retrospektiven von japanischen und internationalen Künstlern locken. *Karte M5 • Strata Ginza, 1. Stock, 10-1-7 Ginza, Chuo-ku • 5537-1469 • Di–So 10.30–16.30 Uhr*

9 LIXIL Gallery
Die Galerie konzentriert sich auf Arbeiten junger Künstler und auf Kunsthandwerkstechniken aus aller Welt. *Karte N4 • LIXIL Ginza, 2. Stock, 3-6-18 Kyobashi, Chuo-ku • 5250-6530 • Mo–Sa 10–18 Uhr*

10 Sakai Kokodo Gallery
Die Galerie zeigt seit 1870 *Ukiyo-e*-Holzdrucke. *Karte M4 • Murasaki Bldg., 1. St., 1-2-14 Yurakucho, Chiyoda-ku • 3591-4678 • tägl. 11–18 Uhr*

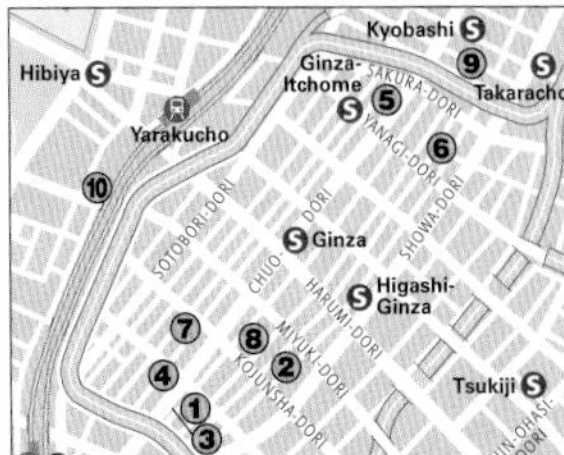

Im Showroom an der Nikon Plaza Ginza werden Nikon-Modelle und -Produkte präsentiert.

Links **Kyukyodo** Rechts **Akebono**

Top 10 Shopping

1 Hakuhinkan Toy Park
Tokyos größter Spielwarenladen lockt mit japanischen Spielfiguren, Kuscheltieren, neuesten Videospielen und kinderfreundlichen Restaurants. *Karte M5 • 8-8-11 Ginza, Chuo-ku • 3571-8008*

2 Akebono
Der Laden ist auf *wagashi* spezialisiert. Zu den traditionellen Zutaten des japanischen Naschwerks zählt rote Bohnenpaste *(anko)*. *Karte M4 • 5-7-19 Ginza, Chuo-ku • 3571-3640*

3 Mikimoto Ginza 2
Das auffällige Gebäude des Zuchtperlenimperiums entwarf Toyo Ito. Die Herstellung der Perlen entwickelte Mikimoto Kokichi im Jahr 1893. *Karte N4 • 2-4-12 Ginza, Chuo-ku • 3562-3130*

4 Sayegusa
Der seit 1869 bestehende Laden verkauft auf vier Etagen hochwertige Kleidung und Accessoires für Kinder. *Karte M5 • 7-8-8 Ginza, Chuo-ku • 3573-2441*

5 Kimuraya
Der 1875 gegründete Laden bietet *anpan*, Brötchen mit einer Füllung aus roter Bohnenpaste, an. *Karte M4 • 4-5-7 Ginza, Chuo-ku • 3561-0091*

6 Takumi
Der stilvolle Laden führt Kunsthandwerk, Keramik und traditionelles Spielzeug. *Karte M5 • 8-4-2 Ginza, Chuo-ku • 3571-2017*

7 Ginza Natsuno
Der kleine Laden bietet eine Riesenauswahl an Essstäbchen – Souvenirs, die in jedem Koffer Platz finden. *Karte M5 • 6-7-4 Ginza, Chuo-ku • 3569-0952*

8 Kyukyodo
Der erste Laden des renommierten Papierspezialisten eröffnete im 17. Jahrhundert. Neben den klassischen Papierwaren gibt es hübsche Karten, Schachteln und sogar Räucherwerk. *Karte M4 • 5-7-4 Ginza, Chuo-ku • 3571-4429*

9 Niwaka
Kunden finden Designerschmuckstücke aus Werkstätten in Kyoto vor, können sich aber auch Stücke nach eigenen Ideen anfertigen lassen. *Karte N4 • 2-8-18 Ginza, Chuo-ku • 3564-0707*

10 Tanagokoro
Der Laden verkauft *bincho-tan*, hochwertige Holzkohle, die im Zimmer oder Badewasser platziert wird. Angeblich wirkt sie heilend, reinigend und feuchtigkeitsregulierend. *Karte N4 • 1-8-15 Ginza, Chuo-ku • 3538-6555*

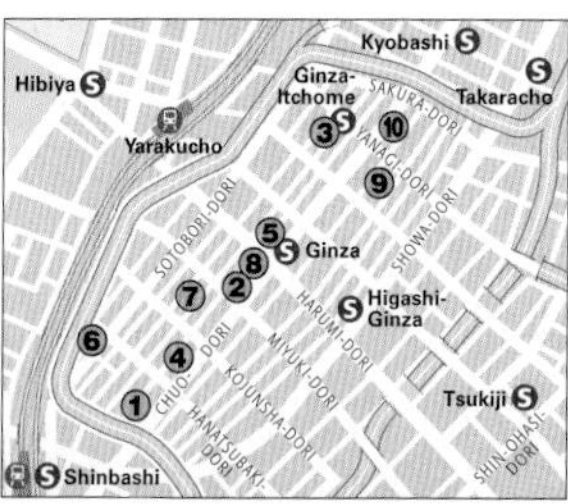

Bei Takumi erhält man beim Kauf eines Produkts eine englischsprachige Broschüre, die Hintergrund und Herstellung erläutert.

Links **Kyubei** Mitte **Daiwa Sushi** Rechts **Sushiko Honten**

TOP 10 Fischrestaurants

1 Kyubei
Der Hohetempel des Sushi bietet ein denkwürdiges kulinarisches Erlebnis – auch wenn es vielleicht das Budget sprengt. *Karte M5 • 8-7-6 Ginza, Chuo-ku • 3571-6523 • So geschl. • ¥¥¥¥*

2 Ten-Ichi
In dem Tempura-Restaurant genießen auch Prominente die delikat gebratenen Fisch- und Gemüsehappen, die in der Pfanne serviert werden. *Karte M5 • 6-6-5 Ginza, Chuo-ku • 3571-1949 • ¥¥¥¥*

3 Mutsukari
Das Restaurant serviert exquisite *kaiseki*: Die mehrgängigen leichten Speisen werden aus saisonalen Zutaten sorgfältig zubereitet. *Karte M4 • Ginza Pony Building, 5-5-19 Ginza, Chuo-ku • 5568-6266 • So & Feiertage geschl. • ¥¥¥¥*

4 Daiwa Sushi
Vor dem Frühlokal auf dem Fischmarkt stehen Gäste meist Schlange. Das köstliche Sushi lohnt das Warten. *Karte N6 • Tsukiji Market, Building 6, 5-2-1 Tsukiji, Ginza, Chuo-ku • 3547-6807 • So geschl. • ¥¥*

5 Shin Hinomoto
Das von einem Briten geführte Izakaya (japanische Kneipe) bietet exzellente Küche. *Karte M4 • 2-4-4 Yurakucho, Chiyoda-ku • 3214-8021 • So & Feiertage geschl. • ¥¥*

6 Kondo
An Thekenplätzen genießen Gäste die vorzüglichen Tempura-Kreationen von Fumio Kondo. Es gibt auch Variationen mit Lotoswurzeln, Spargel und anderem Gemüse. *Karte M5 • Sakaguchi Building, 9. Stock, 5-5-13 Ginza, Chuo-ku • 5568-0923 • So geschl. • ¥¥¥¥*

7 Sushi Bun
An der Theke auf dem Markt bekommt man frischen Fisch serviert. Das Sushi-Menü ist exzellent. *Karte N6 • Chuo Shijo Building 8, 5-2-Tsukiji, Chuo-ku • 3541-3860 • So geschl. • ¥¥*

8 Edogin
Der Fisch kommt direkt aus den Aquarien im Gastraum. Die Portionen sind groß, das Lokal ist lebhaft und volksnah. *Karte N5 • 4-5-1 Tsukiji, Chuo-ku • 3543-4401 • ¥¥*

9 Tsukiji Sushi-sei
In der Filiale der Sushi-Kette im traditionellen Edo-Stil ist *omakase* (Empfehlung des Chefs) immer die richtige Wahl. *Karte N5 • 4-13-9 Tsukiji, Chuo-ku • 3541-7720 • Mi geschl. • ¥¥*

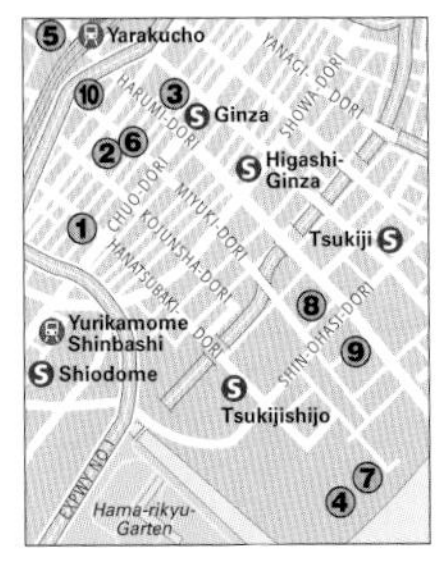

10 Sushiko Honten
Das vornehme Sushi-Lokal bietet nur elf Plätze an der Theke. Mangels Karte folgt man am besten der Tagesempfehlung des Chefs. *Karte M4 • 6-3-8 Ginza, Chuo-ku • 3571-1968 • ¥¥¥¥*

Japanische Tischsitten **siehe S. 119**

Links **Yakitori-Platte im Bird Land** Rechts **Little Okinawa**

Preiskategorien

Preis für ein durchschnittliches Abendessen pro Person (Mittagsmenüs sind meist günstiger).		
	¥	unter 2000 ¥
	¥¥	2000–5000 ¥
	¥¥¥	5000–10 000 ¥
	¥¥¥¥	über 10 000 ¥

TOP 10 Restaurants

1 Dazzle
Glitzerndes Ambiente, üppiges Dekor und ein Weinlager mit Glasfront bilden den Rahmen für köstliche Fusionsküche. *Karte N4 • Mikimoto Ginza 2, 8. & 9. Stock, 2-4-12 Ginza, Chuo-ku • 5159-0991 • ¥¥¥*

2 Robata
Die japanischen Bauerngerichte – Gegrilltes, Tofu und Salate – werden in rustikalem Ambiente serviert. *Karte M4 • 1-3-8 Yuraku-cho, Chiyoda-ku • 3591-1905 • ¥¥¥*

3 Igarashi Tei
Das Lokal lockt mit regionaler Küche, Swan-Lake-Bieren und Sake aus der Präfektur Niigata. *Karte N5 • Kumo Building, 7-16-21 Ginza, Chuo-ku • 5148-2333 • Sa & So geschl. • ¥¥¥*

4 Little Okinawa
Zur südjapanischen Küche – Nudel- oder Schweinefleischgerichten nach Okinawa-Art – passt natürlich *awamori*, feuriger Reisschnaps aus Okinawa. *Karte M5 • 8-7-10 Ginza, Chuo-ku • 3572-2930 • ¥¥*

5 Under the Tracks Yakitori
Gäste genießen Grillhühnchen mit scharfen Saucen und Kräutern an Tischen im Freien. *Karte M4 • Yurakucho JR-Gleise • ¥¥*

6 Oshima
In dem Lokal wird nach Rezepten aus der historischen Provinz Kaga gekocht. *Karte M5 • Ginza Core Building, 5-8-20 Ginza, Chuo-ku • 3574-8080 • ¥¥*

7 Sato Yosuke
Das Lokal serviert *inaniwa udon* – handgemachte Nudeln nach Tradition der Präfektur Akita. *Karte M4 • Idei Main Building, 1. Stock, 6-4-17 Ginza, Chuo-ku • 6215-6211 • ¥*

8 Bird Land
Das *Yakitori*-Festpreismenü besteht aus Spießen mit Fleisch von frei laufenden Hühnern, z. B. gegrillte Brust mit Japanpfeffer. *Karte M4 • Tsukamoto Sozan Building, 1. Stock B, 4-2-15 Ginza, Chuo-ku • 5250-1081 • So & Mo geschl. • ¥¥¥*

9 Bulgari, Il Ristorante
Das Restaurant zeichnet sich durch exzellente italienische Küche, elegantes Ambiente und makellosen Service aus. *Karte N4 • Ginza Tower, 2-7-12 Ginza, Chuo-ku • 6362-0555 • So geschl. • ¥¥¥¥*

10 Omatsuya
Die Gourmetküche aus der ländlichen Yamagata-Präfektur beinhaltet auf Holzkohle gegrilltes Fleisch, Fisch und Berggemüse. *Karte M4 • Nishigobangai Building, 7. Stock, 5-6-13 Ginza, Chuo-ku • 3571-7053 • So geschl. • ¥¥¥*

Restaurant-Tipps **siehe S. 125**

ロッテ
チューインガム

Links **Alte Gräber auf dem Yanaka-Friedhof** Rechts **Edo Shitamachi Dento Kogeikan**

Ueno, Asakusa & Yanaka

DIE ÄLTEREN VIERTEL IM NORDOSTEN *haben durch die teilweise Modernisierung nicht an Flair verloren. Das raue, aber malerische Ueno bietet Museen, Tempel und einen Park voller Kirschbäume. Die religiösen Stätten und traditionellen Lokale in Asakusa locken sowohl Anhänger des Buddhismus als auch Genussfreudige an. Yanaka ist das ursprünglichste Viertel. Es bezaubert mit engen Gassen, alten Holzhäusern, Handwerksläden, Heiligtümern und dem moosbewachsenen Friedhof.*

TOP 10 Attraktionen

1. Ueno-Park
2. National Museum of Nature and Science
3. Tokyo Metropolitan Art Museum
4. Nationalmuseum
5. Tokyo Skytree
6. Tempel Senso-ji
7. Edo Shitamachi Dento Kogeikan
8. Hanayashiki
9. Kappabashi Kitchen Town
10. Yanaka-Friedhof

Tempel Senso-ji

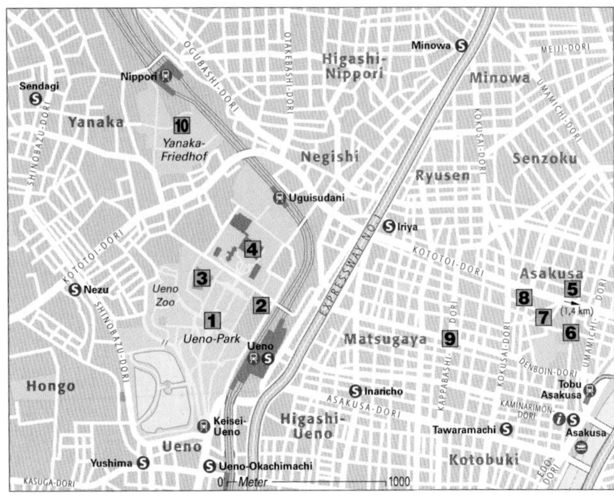

Vorhergehende Doppelseite **Feuerwerk über dem Sumida**

Akrobaten im Ueno-Park

1 Ueno-Park

Der schöne Park bietet sowohl Freizeitspaß als auch Kultur. Zu den Attraktionen zählen Tokyos Nationalmuseum mit der weltweit größten Sammlung japanischer Kunst und Antiquitäten, vier weitere Museen (für Wissenschaft, für moderne japanische und für westliche Kunst sowie zur Geschichte des Viertels), der historische Toshogu-Schrein und herrliche Kirschbaumalleen. Entspannung bieten die Restaurants und Cafés, der Zoo, der Lotosteich und der große Teich, auf dem man auch Boot fahren kann *(siehe S. 16f)*.

2 National Museum of Nature and Science

Vor dem riesigen Gebäude des Wissenschaftsmuseums steht eine gigantische Walskulptur. Neben traditionellen Exponaten zu Dinosauriern, Fossilien, Asteroiden und einem rekonstruierten Haus aus Mammutstoßzähnen finden Besucher Videomonitore und Touchscreen-Wände vor. *Karte F1 • 7-20 Ueno-koen, Taito-ku • 5777-8600 • Di–So 9–17 Uhr • Eintritt • www.kahaku.go.jp*

Walskulptur vor dem National Museum of Nature and Science

3 Tokyo Metropolitan Art Museum

Die teils unterirdischen Gänge des von Kunio Maekawa gestalteten Backsteingebäudes beeinträchtigen die Präsentation moderner Kunst ein wenig, die Ausstellungen sind jedoch durchwegs interessant. In der Haupthalle findet sich ein bunter Mix aus japanischen Blumengestecken, Tuschezeichnungen und modernen Installationen. Die Kunstbibliothek des Hauses ist erstklassig. *Karte F1 • 8-36 Ueno-koen, Taito-ku • 3823-6921 • Di–So 9.30–17.30 Uhr • Eintritt • www.tobikan.jp*

4 Nationalmuseum

Das renommierte Museum ist Herzstück des Ueno-Parks. Die Dauerausstellung im Honkan, dem Hauptgebäude, zeigt japanische Kunst und archäologische Artefakte. Im Toyokan ist Kunst und Handwerk aus Asien zu sehen, vor allem aus China, Zentralasien und Korea. Das Heiseikan birgt archäologische Objekte. Die modernen kühlen Glaselemente des Gebäudes der Galerie der Horyu-ji-Schätze stehen in interessantem Kontrast zu den ausgestellten sakralen Kunstwerken. Das Hyokeikan, ein westlich inspirierter Bau aus der Meiji-Zeit, dient Sonder- und Lehrveranstaltungen *(siehe S. 18–21)*.

Die englischen Beschriftungen im Wissenschaftsmuseum sind hilfreich, mehr Details liefern aber die englischen Audioguides.

Rikschas

Der Prototyp der *jinrikisha* wurde vermutlich 1869 in Yosuke Izumis Werkstatt angefertigt. Das Gefährt revolutionierte den Verkehr in den engen Straßen Tokyos – bereits 1873 gab es in der Stadt über 34 000 registrierte Rikschas. Bis zum Zweiten Weltkrieg waren sie allgegenwärtig, heute erleben sie hübsch lackiert in bei Besuchern beliebten Orten wie Asakusa eine Renaissance. Eine 15-minütige Fahrt kostet etwa 5000 Yen.

5 Tokyo Skytree

Der 2012 eröffnete, 634 Meter aufragende Fernsehturm ist der höchste der Welt. In das futuristische Design wurden einige traditionelle japanische Elemente integriert. Die Farbe des Bauwerks orientiert sich an dem klassischen blauweißen Farbton *aijiro*. Der Fernsehturm verfügt über zwei Aussichtsdecks: Eines befindet sich auf der Höhe von 350 Metern, das andere liegt 450 Meter hoch. *Karte F2 • 1-1-13 Oshiage, Sumida-ku • 0570-55-0634 • tägl. 8–22 Uhr • www.tokyo-skytree.jp*

6 Tempel Senso-ji

Der bedeutendste Tempel der Stadt befindet sich am Ende der Nakamise-dori, einer Straße voller Souvenirläden. Zwei imposante Tore führen zum großen Räucherbecken vor der im *Gongen-zukuri*-Stil gestalteten, überwölbten Haupthalle. Die Anlage birgt auch den Asakusa-Schrein, der 1649 vollendet und mehrfach umgebaut wurde. Das Tor Nitenmon stammt aus dem Jahr 1618. Wundersamerweise überstand es Erdbeben, Taifune und Luftangriffe *(siehe S. 10f)*.

7 Edo Shitamachi Dento Kogeikan

Das auch als Galerie Takumi bekannte Museum für Handwerkskunst widmet sich traditionellen Sparten und setzt sich für die Bewahrung alter Techniken aus der Edo-Zeit ein. Anhand von 300 Exponaten werden 50 verschiedene Handwerkskünste vorgestellt. An Wochenenden werden diese Fertigkeiten Besuchern in Vorführungen nahegebracht. *Karte R1 • 2-22-13 Asakusa, Taito-ku • 3842-1990 • tägl. 10–20 Uhr • frei*

8 Hanayashiki

Der Park gehörte einst zu einer Adelsresidenz. 1853 wurde er öffentlich zugänglich und Teil des Vergnügungsviertels Rokku. 20 Jahre später kam ein kleiner Zoo hinzu. Der Rummelplatz, eine Institution in Asakusa, hat sich mit altmodischen Spielautomaten, einem gruseligen Geisterhaus aus den 1950er Jahren und

Altmodisches Fahrgeschäft, Hanayashiki

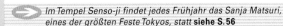

Im Tempel Senso-ji findet jedes Frühjahr das Sanja Matsuri, eines der größten Feste Tokyos, statt **siehe S. 56**

der ältesten Achterbahn Japans seinen Charme bewahrt.
Karte R1 • 2-28-1 Asakusa, Taito-ku • 3842-8780 • Mi–Mo 10–18 Uhr • Eintritt • www.hanayashiki.net/e

Kappabashi Kitchen Town

9 Kappabashi Kitchen Town

Die lange Kappabashi-dori trägt den Spitznamen »Küchenstadt«. Die Läden bieten ein imposantes Angebot an Restaurantbedarf – von Geschirr über Herde bis zu Dekoelementen. Wer sich mit Plastiklebensmitteln auskennt, schätzt die Läden Maizuru und Biken. Die Imitate sind inzwischen als Pop-Art-Sammlerstücke beliebt und können bei leerem Magen sehr verführerisch wirken.
Karte Q2 • Kappabashi-dori, Taito-ku

10 Yanaka-Friedhof

Auf dem Friedhof im liebenswert »unmodischen« Viertel Yanaka entdeckt man zwischen all den Grabsteinen, bröckelnden Buddha-Statuen und Bodhisattvas die Grabstätte des letzten Shoguns, Grabmäler von Politikern, Philosophen, Schriftstellern und Schauspielern sowie die Gräber von berühmten Verbrechern. Auch die berüchtigte Männermörderin Oden Takahashi liegt hier begraben *(siehe S. 26f)*.

Ein Tag im historischen Asakusa

Vormittag

Von der U-Bahn-Station Asakusa bummeln Sie auf der Umamichi-dori nach Norden bis zur Kototoi-dori. Dort geht es links zum **Edo Shitamachi Dento Kogeikan** und zum Vergnügungspark **Hanayashiki**, einem Relikt des alten Vergnügungsviertels Rokku. Südlich liegt die Thermalquelle **Asakusa Kannon Onsen** *(siehe S. 55)*. Westlich der Bäder gibt es in der Fußgängerzone Rokku-Broadway noch einige traditionelle Bühnen für Geschichtenerzähler, z. B. die **Asakusa Engei Hall** *(siehe S. 58)*. Lassen Sie die Plakate und Ausrufer auf sich wirken. In den Seitenstraßen der Denboin-dori bieten einige günstige, charmante Lokale gebratene Nudeln und *oden*, einen Eintopf mit Fischklößchen.

Nachmittag

Südwärts gelangen Sie dann zum **Kaminari-mon** *(siehe S. 10)*, dem von Teufeln und einem riesigen Lampion geschmückten äußeren Tor des **Tempels Senso-ji**. Richtung Sumida und U-Bahn-Station biegen Sie an der Edo-dori rechts ab zur Gallery ef. Sie befindet sich in einem Lagerhaus mit Lehmmauern aus dem 19. Jahrhundert, wie man es in Tokyo heute nur noch selten sieht, und besitzt ein hervorragendes Café. Auf dem Weg zurück sehen Sie an der leuchtend roten Azumabashi die traditionellen *Yakatabune*-Ausflugsboote liegen. An der Ecke Kaminarimon- und Umamichi-dori lockt die **Kamiya Bar** *(siehe S. 42)*, eine weitere Institution in Asakusa, mit ihrem Hausdrink *denki-bran*.

Das Asakusa Culture and Sightseeing Center gegenüber dem Kaminari-mon bietet Stadtpläne an.

Links **Steinlaternen auf dem Yanaka-Friedhof** Mitte **Isetatsu** Rechts **Tempel Tenno-ji**

TOP 10 Attraktionen in Yanaka

1 Suwa-Schrein
Die 1202 am Rand des Plateaus erbaute Anlage erhellen zu Neujahr Lampions mit den Tierkreiszeichen des neuen Jahres. *Karte F1 • Yanaka, Taito-ku*

2 Tempel Joko-ji
Buddhistische Statuen stehen am Eingang des Schreins, der auch »Schneeblick-Tempel« genannt wird, da man hier in der Edo-Zeit gern den Schneeflocken zusah. *Karte F1 • Yanaka, Taito-ku*

3 Asakura Choso Museum
Im Haus des Bildhauers Fumio Asakura (1883–1964) sind dessen Statuen von Berühmtheiten zu sehen. *Karte F1 • 7-18-10 Yanaka, Taito-ku • 3821-4549 • Di–Do, Sa & So 9.30–16.30 Uhr • Eintritt*

4 Yanaka-Friedhof
Der 1874 angelegte Friedhof birgt Gräber vieler berühmter Japaner *(siehe S. 26f).*

5 Tempel Tenno-ji
In dem 1274 gegründeten Tempel steht der Große Buddha von Yanaka. Die schöne Bronzestatue wurde 1690 gegossen. *Karte F1 • Yanaka, Taito-ku*

6 Gamo-Residenz
Das Kaufmannshaus aus der Meiji-Zeit ist ein typischer *Dashigeta-zukuri*-Bau. Charakteristisch sind die vorragenden Holzbalken der oberen Etagen. *Karte F1 • Yanaka, Taito-ku • für die Öffentlichkeit geschl.*

7 Zenshoan-Tempel
Die Haupthalle des Tempels wird von einer sechs Meter hohen, mit Blattgold belegten Statue der Göttin Kannon von 1991 dominiert und dient zur Zen-Meditation. *Karte F1 • Yanaka, Taito-ku*

8 Tempel Daien-ji
Der interessante Tempel besitzt eine buddhistische Halle und eine Shinto-Halle. Zum Chrysanthemenfest am 14./15. Oktober zieren ihn Puppen aus Blumen. *Karte F1 • Yanaka, Taito-ku*

9 Isetatsu
Der seit 1864 existierende Laden fertigt *chiyogami*, gemustertes *Washi*-Papier, das bei den Samurai beliebt war. *Karte F1 • 2-18-9 Yanaka, Taito-ku • 3823-1453*

10 Daimyo Clock Museum
Die ausgestellten Zeitmesser wurden für die privilegierte Gesellschaft der Edo-Zeit hergestellt. Anstelle von Zahlen zeigen die zwölf chinesischen Tierkreiszeichen die Stunden an. *Karte F1 • 2-1-27 Yanaka, Taito-ku • 3821-6913 • Di–So 10–16 Uhr (Juli–Sep geschl.) • Eintritt*

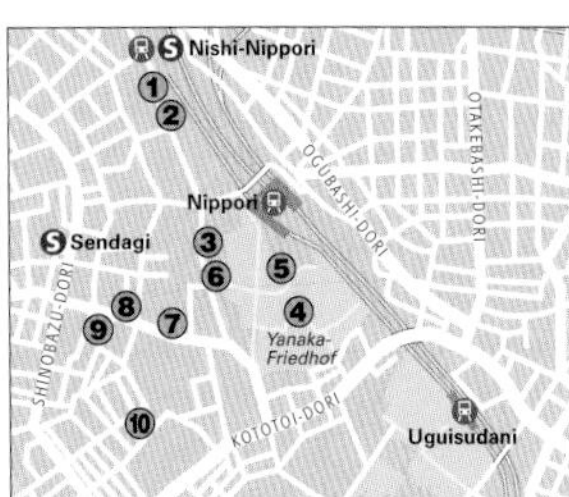

Hauptattraktion im Asakura Choso Museum ist die Gartenanlage mit dem Wassergarten der fünf Silas (buddhistischen Tugenden).

Spezialitäten im Asakusa Imahan

Preiskategorien

Preis für ein durchschnittliches Abendessen pro Person (Mittagsmenüs sind meist günstiger).	¥	unter 2000 ¥
	¥¥	2000–5000 ¥
	¥¥¥	5000–10 000 ¥
	¥¥¥¥	über 10 000 ¥

TOP 10 Restaurants

1 Sasanoyuki

Das seit der Edo-Zeit bestehende Restaurant ist für köstliche Tofugerichte bekannt. *Karte G1 • 2-15-10 Negishi, Taito-ku • 3873-1145 • Mo geschl. • ¥¥¥*

2 Sometaro

Serviert werden ausschließlich *okonomiyaki*, mit Tintenfisch, Garnelen und Gemüse gefüllte Pfannkuchen. *Karte Q2 • 2-2-2 Nishi-Asakusa, Taito-ku • 3844-9502 • ¥¥*

3 Namiki Yabu Soba

Der beliebte Laden für *soba* (Buchweizennudeln) liegt nahe dem Tempel Senso-ji. *Karte R2 • 2-11-9 Kaminarimon, Taito-ku • 3841-1340 • Do geschl. • ¥*

4 Hantei

Das Lokal in einem schönen Haus aus der Meiji-Zeit serviert *kushiage*, köstliche frittierte Spieße mit Fleisch, Fisch und Gemüse. *Karte F1 • 2-12-15 Nezu, Bunkyo-ku • 3828-1440 • Mo geschl. • ¥¥*

5 Nezu Club

Das legere Lokal bietet raffinierte japanische Küche. Am besten bestellt man das Festpreismenü. *Karte F1 • 2-30-2 Nezu, Bunkyo-ku • 3828-4004 • So–Di geschl. • ¥¥¥*

6 Daikokuya

Die Warteschlangen vor dem Lokal belegen die gute Qualität der Fisch- und Gemüse-Tempuras. *Karte R2 • 1-38-10 Asakusa, Taito-ku • 3844-1111 • ¥¥*

7 Ikenohata Yabu Soba

Die Filiale einer beliebten *Soba*-Kette bietet klassische Nudeln in Brühe. Im Sommer schätzen Einheimische die kalte *soba*. *Karte F2 • 3-44-7 Yushima, Bunkyo-ku • 3831-8977 • Mi geschl. • ¥*

8 Komagata Dojo

Das seit 1801 bestehende Restaurant serviert gegrillte und gekochte Schmerlen – der Fisch ähnelt einer Süßwassersardine. *Karte R2 • 1-7-12 Komagata, Taito-ku • 3842-4001 • ¥¥*

9 Asakusa Imahan

Shabu-shabu, die Spezialität des Lokals, besteht aus hauchdünnen Rindfleischstreifen, die am Tisch in kochender Brühe kurz gegart werden. Dazu gibt es Gemüse und Reis. *Karte Q2 • 2-2-5 Asakusa, Taito-ku • 3841-2690 • ¥¥*

10 Kayaba Coffee

Das 1938 eröffnete kleine Café hat Retro-Flair. Sandwiches und japanische Desserts werden zu vernünftigen Preisen angeboten. *Karte F1 • 6-1-29 Yanaka, Taito-ku • 3823-3545 • ¥*

Tischsitten in Japan **siehe S. 119**

Links **Tempel Zojo-ji** Rechts **San-mon**

Roppongi & Akasaka

ROPPONGI STEHT FÜR LIFESTYLE. *Es hat sich als Kunst-, Shopping- und vor allem als Nightlife-Viertel einen Namen gemacht. Auf die Eröffnung von Roppongi Hills, einer kleinen Stadt in der Stadt, folgte die Errichtung weiterer innovativer, multifunktionaler Zentren wie Tokyo Midtown. Neben den kulturellen Attraktionen erhalten gehobene Restaurants, nette Kneipen sowie schicke Bars und Clubs den seit Langem bestehenden Status Roppongis als Zentrum des Nachtlebens aufrecht. Das elegante Akasaka ist Terrain der Geschäftswelt, die in exklusivem Ambiente edler Restaurants und Hotels politische Deals aushandelt. Das Viertel beherbergt aber auch einige der bedeutendsten Tempel und Schreine Tokyos.*

National Art Center Tokyo

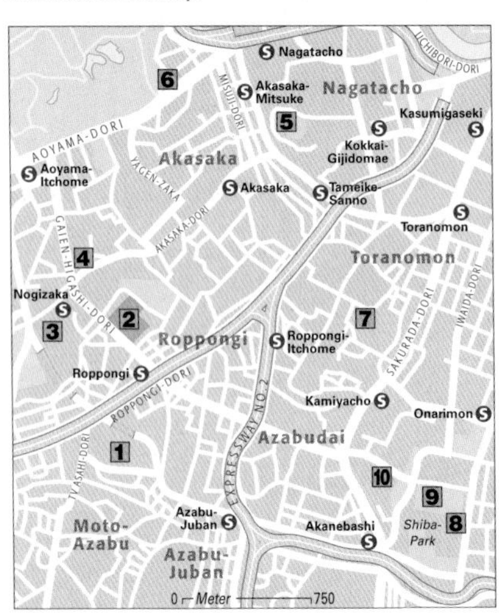

Attraktionen

1. Roppongi Hills
2. Tokyo Midtown
3. Nogi-Schrein
4. National Art Center Tokyo
5. Hie-Schrein
6. Toyokawa-Inari-Schrein & Tempel
7. Musée Tomo
8. San-mon
9. Tempel Zojo-ji
10. Tokyo Tower

Mehr über Lifestyle in Roppongi
www.japaneselifestyle.com.au/tokyo/roppongi.htm

1 Roppongi Hills

Die Stadt in der Stadt mit Gärten und Freilichtbühne wurde 2003 fertiggestellt. Der zentrale 54-stöckige Mori Tower beherbergt über 200 Läden, Bars, Restaurants, Niederlassungen von Weltkonzernen und das Grand Hyatt Hotel. Das Mori Art Museum *(siehe S. 34f)* in den obersten Stockwerken zählt zu den innovativsten Kunststätten Tokyos. *Karte C6 • 6-10-1 Roppongi, Minato-ku • 6406-6000 • www.roppongihills.com*

2 Tokyo Midtown

40 Prozent der 2007 eröffneten Anlage nehmen der landschaftlich gestaltete Hinokicho-Park und der Midtown Garden ein. Der Midtown Tower, das zweithöchste Bauwerk Tokyos, und die umliegenden Gebäude bergen Büros, Apartments, Modeboutiquen, Restaurants, Cafés und Bars sowie das Ritz-Carlton Tokyo. Zum kulturellen Angebot zählen das Suntory Museum of Art und die Galerie 21_21 Design Sight *(siehe S. 38)*, die der Architekt Ando Tadao gemeinsam mit dem Modedesigner Issey Miyake konzipierte. *Karte C6 • 9-7-1 Akasaka, Minato-ku • 3475-3100 • Läden: tägl. 11–21 Uhr; Restaurants: tägl. 11–24 Uhr • www.tokyo-midtown.com*

Tokyo Midtown

Nogi-Schrein

3 Nogi-Schrein

Der schlichte, aber bedeutende Schrein ehrt General Maresuke Nogi, der am 13. September 1912 gemeinsam mit seiner Frau Selbstmord beging, um dem verstorbenen Kaiser Mutsuhito in den Tod zu folgen. Der rituelle Selbstmord spaltete das Land: Manche werteten ihn als heroische Geste, andere als archaische Praxis. Das Haus des Generals neben dem Schrein ist an Nogis Todestag und am Abend des Vortags zugänglich. *Karte C5 • 8-11-27 Akasaka, Minato-ku • 3478-3001*

4 National Art Center Tokyo

Zum wechselnden Programm des größten Ausstellungszentrums in Japan zählt die jährliche Veranstaltung Nitten, die japanische und westliche Malerei und Bildhauerei, Kunsthandwerk und Kalligrafie präsentiert. Das 2007 fertiggestellte Gebäude mit geschwungener Glasfassade, Schieferwänden und Holzfußböden ist ein architektonisches Meisterwerk. *Karte C6 • 7-22-2 Roppongi, Minato-ku • 5777-8600 • Mi–Mo 10–18 Uhr (Fr bis 20 Uhr) • Eintritt • www.nact.jp*

Mit der Eintrittskarte des Mori Art Museum kann man auch das Panorama im Tokyo City View & Café genießen **siehe S. 54**

Hie-Schrein

5 Hie-Schrein

Der Schrein wurde 1945 bei einem Luftangriff zerstört und 1958 nach Originalplänen wiederaufgebaut. Links vom Hauptaltar verweisen Schnitzereien, auf denen ein Affe schützend ein Kind wiegt, auf die ursprüngliche Aufgabe des Schreins, böse Geister von der Burg Edo abzulenken. In der Stätte beten heute Schwangere für eine sichere Niederkunft. Alle zwei Jahre ist der Schrein Startpunkt der Prozession von Sanno Matsuri *(siehe S. 56)*. *Karte J4 • 2-10-5 Nagata-cho, Chiyoda-ku • 3581-2471*

6 Toyokawa-Inari-Schrein & Tempel

Den Zugang zu dem Zen-Tempel mit Shinto-Elementen zieren Lampions, orangefarbene Banner, Fuchsstatuen, eine Figur des Bodhisattvas Jizo – des Beschützers der Kinder und Reisenden – und eine Statue der Göttin der Barmherzigkeit Kannon. Die Pfade hinter dem Hauptgebäude säumen zahllose *Senbon-nobori*-Fahnen. Gläubige hängen sie in der Hoffnung auf, dass dadurch ihre Wünsche erfüllt werden. Im Schrein servieren kleine Lokale *kitsune soba* (Buchweizennudeln mit gebratenem Tofu) und leckeren *oden* (Eintopf mit Fischklößchen). *Karte D5 • 1-4-7 Moto-Azabu, Minato-Akasaka • 3408-3414*

Toyokawa-Inari-Schrein & Tempel

7 Musée Tomo

Das bezaubernde kleine Museum für moderne Keramikkunst wurde 2003 von dem Sammler Tomo Kikuchi gegründet. Im Mittelpunkt der alle paar Monate wechselnden Ausstellung stehen jeweils ein Künstler oder eine spezielle Art Keramik wie Bizen oder Raku. *Karte K5 • Nishi-Kubo Building, 4-1-35 Toranomon, Minato-ku • 5733-5131 • Di–So 11–18 Uhr • Eintritt*

8 San-mon

Tokyo wird seit 400 Jahren immer wieder von Feuer und Erdbeben bedroht. Das 1605 errichtete Haupttor zum Tempel Zojo-ji blieb bislang wie durch ein Wunder verschont. Das rot lackierte San-mon ist das älteste Holzbauwerk der Stadt. Die drei Ebenen symbolisieren die Stufen auf dem Weg ins Nirwana. Bei nächtlicher

Straßenkunst in Roppongi

Viele weltbekannte Künstler wurden gebeten, Werke für Roppongi Hills zu schaffen. *Maman*, die große Spinnenskulptur von Louise Bourgeois, fällt sofort ins Auge, es gibt aber auch Wandbilder, einen beleuchteten Roboter, eine Installation mit einer riesigen Kaffeebohne, ein 3-D-Landschaftsgemälde und wellenförmige Sitzgelegenheiten.

 In Tokyo unterwegs **siehe S. 117**

Beleuchtung ist das Tor besonders eindrucksvoll. ✎ *Karte E6 • Shiba Koen, Minato-ku*

9 Tempel Zojo-ji

Der Tempel wurde im Zweiten Weltkrieg bei Luftangriffen zerstört und in den 1970er Jahren aus Stahlbeton wiederaufgebaut. 1393 gegründet, wurde er 1598 an den heutigen Standort versetzt und im 17. Jahrhundert zum Ahnentempel der Tokugawa-Shogune erhoben. Er ist heute Schauplatz vieler religiöser Feste. Die Haupthalle birgt alte Statuen, Sutras und andere sakrale Objekte. ✎ *Karte E6 • 4-7-35 Shiba Koen, Minato-ku • 3432-1431 • tägl. 6–17.30 Uhr*

Tokyo Tower

10 Tokyo Tower

Bei der Einweihung als Sendemast 1958 war das dem Eiffelturm nachempfundene Bauwerk das höchste der Stadt. Das Aquarium, das Wachsfigurenkabinett, die Souvenirläden und die Spielhalle wirken ein wenig schäbig, viele Besucher locken jedoch die Nostalgie und die Rolle des Turms in einem gleichnamigen Film von 2007 an. ✎ *Karte K6 • 4-2-8 Shiba-koen, Minato-ku • 3433-5111 • tägl. 9–22 Uhr*

Ein Tag im Zeichen der Kunst

Vormittag

Von der U-Bahn-Station Roppongi-Itchome sind es nur fünf Minuten zum informativen **Okura Shukokan Museum of Fine Art**, das um 10 Uhr öffnet (außer Mo). Gegenüber dem auffälligen Gebäude im chinesischen Stil bietet sich das elegante Hotel Okura für eine Kaffeepause an. Nur zehn Minuten entfernt liegt **Roppongi Hills**, wo Sie das **Mori Art Museum** *(siehe S. 34f)* und das Aussichtsdeck **Tokyo City View** *(siehe S. 54)* erwarten. Wenn Sie auf der anderen Seite der Roppongi-dori nach Norden gehen, erreichen Sie das **National Art Center**, das in zwölf Sälen Ausstellungen präsentiert. Vor dem Kunstgenuss sollten Sie sich dort aber in der **Brasserie Paul Bocuse Le Musée** *(siehe S. 93)* mit Blick auf die Skyline von Roppongi stärken.

Nachmittag

Auf dem Weg nach Norden zum **Nogi-Schrein** kommt man an der **Gallery Ma** *(siehe S. 39)* vorbei. Die von der Sanitärfirma Toto gesponserte Galerie konzentriert sich auf moderne Architektur. Besucher erfahren alles über Trends in der Tokyoter Designszene, können die Arbeiten ausländischer Architekten bewundern und im exquisiten Buchladen stöbern. Etwas südlich befindet sich **Tokyo Midtown**. Die im ersten Stock der Garden Terrace ansässige Bodega Santa Rita bietet 150 spanische Weine und Küche aus der Region La Mancha. In der Bodega kann man nach dem Sightseeing hervorragend bei Drinks und Tapas entspannen.

Links **Gas Panic** Mitte **Mado Lounge** Rechts **SuperDeluxe**

TOP 10 Clubs & Bars

1 Alife

Der bei Einheimischen und Besuchern beliebte Club lockt mit Hip-Hop und R&B. Zugang haben nur Gäste ab 23 Jahren. *Karte C6 • Econach Nishi-Azabu Building, 1-7-2 Nishi-Azabu, Minato-ku • 5785-2531 • Eintritt*

2 Village

In dem exzellenten Club, einem der größten des Viertels, werden Hip-Hop, R&B und Reggae gespielt. *Karte D6 • Fukao Building, 1. Stock B, 1-4-5 Azabu-Juban, Minato-ku • 6230-0343*

3 SuperDeluxe

Die Bar mit Kunst- und Performance-Bereich bietet fast täglich Veranstaltungen. *Karte C6 • 3-1-25 Nishi-Azabu, Minato-ku • 5412-0515*

4 Agave Clover

Die hochpreisige Bar im mexikanischen Stil schenkt rund 400 Tequilasorten aus. *Karte C6 • Clover Building, 1. Stock B, 7-15-10 Roppongi, Minato-ku • 3497-0229 • So geschl.*

5 Gas Panic

Die dreistöckige Bar ist bei in Tokyo lebenden Ausländern beliebt. Die Drinks sind günstig. *Karte J6 • Kento's Building, 2. Stock, 3-14-11 Roppongi, Minato-ku • 3402-7054*

6 Hobgoblin Roppongi

Das englische Pub serviert typische Kneipenkost wie Bangers 'n' Mash und Shepherd's Pie sowie britisches Bier. *Karte D6 • Aoba Roppongi Building, 1. Stock, 3-16-33 Roppongi, Minato-ku • 3568-1280*

7 Alfie

Der Jazzclub bietet auf verschiedenen Ebenen eine große Tanzfläche, ein Café, ein Restaurant und eine Lounge. *Karte D6 • Hama Roppongi Building, 5. Stock, 6-2-35 Roppongi, Minato-ku • 3479-2037 • So geschl.*

8 New Lex Tokyo

Der Club führt die Tradition des Lexington Queen, einer rund 30 Jahre bestehenden Institution des Tokyoter Nachtlebens, fort. *Karte D6 • 1. Stock B, 3-13-14 Roppongi, Minato-ku • 3479-7477*

9 Abbey Road

In der beliebten, den Beatles gewidmeten Bar treten in regelmäßigem Wechsel Cover-Bands auf. *Karte D6 • Roppongi Annex Building, 1.Stock B, 4-11-5 Roppongi, Minato-ku • 3402-0017 • Eintritt*

10 Mado Lounge

Sanfte DJ-Musik, Drinks und die atemberaubende Höhe schaffen in dem Club im Tokyo City View *(siehe S. 54)* eine magische Atmosphäre. *Karte C6 • Mori Tower, 52. Stock, 6-10-1 Roppongi, Minato-ku • 3470-0052 • So geschl. • Eintritt*

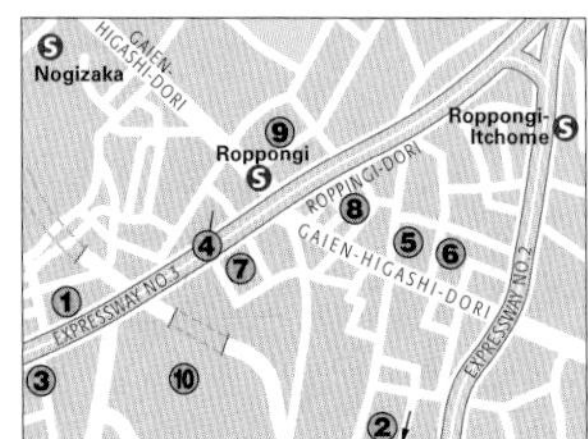

Der Eintritt für die Mado Lounge schließt den Besuch des Mori Art Museum ein.

Inakaya

Preiskategorien

Preis für ein durchschnittliches Abendessen pro Person (Mittagsmenüs sind meist günstiger).	¥	unter 2000 ¥
	¥¥	2000–5000 ¥
	¥¥¥	5000–10 000 ¥
	¥¥¥¥	über 10 000 ¥

TOP 10 Restaurants

1 Ryugin
Das Restaurant verleiht traditionellem *kaiseki* eine innovative Note. *Karte C6 • Side Roppongi Building, 7-17-24 Roppongi, Minato-ku • 3423-8006 • So geschl. • ¥¥¥¥*

2 Pintokona
In dem »Running Sushi« nehmen Gäste Speisen vom Band oder rufen laut ihre Wünsche aus. *Karte C6 • Metro Hat Hollywood Plaza, 2. Stock B, 6-4-1 Roppongi, Minato-ku • 5771-1133 • ¥¥*

3 Fukuzushi
Das schlichte Sushi-Restaurant serviert den üblichen Thun- und Tintenfisch, aber auch Meeraal und andere Delikatessen. *Karte D6 • 5-7-8 Roppongi, Minato-ku • 3402-4116 • ¥¥¥*

4 Inakaya
Das altmodische *robatayaki* (Grilllokal) bietet Fleisch- und andere Gerichte. *Karte J6 • 5-3-4 Roppongi, Minato-ku • 3408-5040 • ¥¥¥¥*

5 Nodaiwa
Auf Holzkohle gegrillter Fisch, insbesondere Wildaal, wird mit köstlicher Sauce serviert. *Karte J6 • 1-5-4 Higashi-Azabu, Minato-ku • 3583-7852 • So geschl. • ¥¥*

6 Hassan
Das All-you-can-eat-Dinner mit *shabu-shabu*, feinen Rindfleischstreifen, die in Brühe kurz gegart werden, empfiehlt sich. *Karte D6 • Denki Building B1, 6-1-20 Roppongi, Minato-ku • 3403-8333 • ¥¥¥*

7 Ukai Tofuya
Gäste wählen aus zahllosen Miniportionen köstlicher Tofu-Variationen. Das Lokal bietet Blick auf einen schönen japanischen Garten. *Karte K6 • 4-4-13 Shiba-koen, Minato-ku • 3436-1028 • ¥¥¥*

8 L'Estasi
Das vermutlich beste italienische Restaurant in Roppongi verfügt über einen beeindruckenden Weinkeller. *Karte D6 • Gate Tower, Keyakizaka-dori, Roppongi Hills, 6-11-1 Roppongi, Minato-ku • 5770-4565 • ¥¥¥*

9 Brasserie Paul Bocuse Le Musée
Das elegante Restaurant im National Art Center bietet leichte französische Küche. Das Mittagsmenü ist äußerst beliebt. *Karte C6 • National Art Center, 3. Stock, 7-22-2 Roppongi, Minato-ku • 5770-8161 • ¥¥¥*

10 Jasmine Thai
Neben grünem Thai-Curry und Tom Yam bietet das Lokal mit Thai-Sukiyaki eine interessante Variation eines japanischen Gerichts. *Karte D6 • Roppongi Five Plaza Building, 2. Stock, 5-18-21 Roppongi, Minato-ku • 5114-5030 • ¥¥*

Restaurant-Tipps siehe S. 125

Links **Parco Art** Rechts **Ausstellungsraum in einem Museum**

Aoyama, Omotesando, Harajuku & Shibuya

DIE OTESANDO-DORI, *die Aoyama und Omotesando durchzieht, säumen elegante Modeboutiquen. Harajuku prägt die quirlige Takeshita-dori, deren Konfektionsläden, Straßenstände und Fast-Food-Filialen ein junges Publikum anlocken. Für Shibuya sind die riesigen Videowände charakteristisch. Das Viertel beherbergt Modeläden und Kaufhäuser, Cafés und Clubs sowie Museen und Kunstgalerien.*

Yoyogi National Stadium

TOP 10 Attraktionen

1. Spiral
2. Nezu Museum
3. Ukiyo-e Ota Memorial Museum of Art
4. Takeshita-dori & Togo-Schrein
5. Yoyogi National Stadium
6. Bunkamura
7. Toguri Museum of Art
8. Meiji-Schrein
9. Parco Art
10. Taro Okamoto Memorial Museum

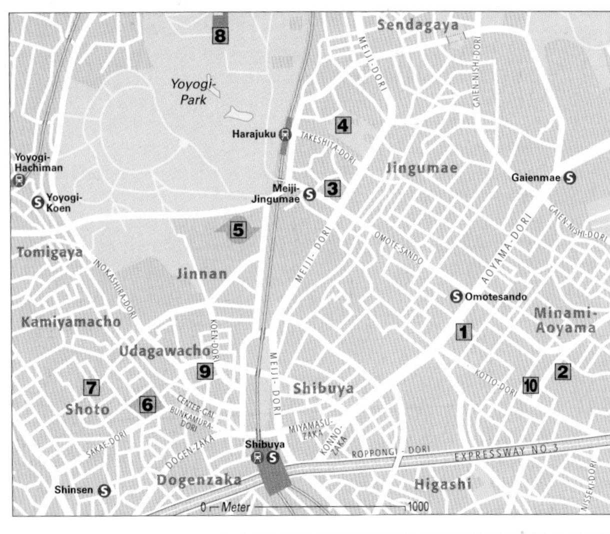

In Tokyo unterwegs **siehe S. 117**

Geschwungene Rampe im Spiral

1 Spiral

Fumihiko Maki wurde mit der Aufgabe betraut, Musik, bildende Kunst und Theater sowie ein Restaurant, eine Bar und ein Café in ein spannendes Architekturkonzept einzubinden. Ergebnis ist dieses Bauwerk, dessen wiederkehrende Spiralen den kulturellen Fluss symbolisieren sollen. Eine geschwungene Rampe führt zur Galerie Spiral Garden hinauf, in der Kunst-, Design- und Modeveranstaltungen stattfinden. *Karte B6 • 5-6-23 Minami-Aoyama, Minato-ku • 3498-1171 (Spiral Garden) • tägl. 11–20 Uhr • www.spiral.co.jp*

2 Nezu Museum

Das von Kaichiro Nezu, einem Großindustriellen und Politiker der Meiji-Zeit, gegründete Museum liegt hinter Sandsteinmauern versteckt. Einige Textilien, Lackwaren und Keramiken der Sammlung sind so selten, dass sie als japanischer Nationalschatz anerkannt sind. Das berühmteste Exponat ist ein von Korin Ogata bemalter Wandschirm mit dem Titel *Schwertlilien*. *Karte C6 • 6-5-1 Minami-Aoyama, Minato-ku • 3400-2536 • Di–So 10–17 Uhr • Eintritt • www.nezu-muse.or.jp*

3 Ukiyo-e Ota Memorial Museum of Art

Das bemerkenswerte Museum besitzt Tokyos schönste Sammlung von *Ukiyo-e*-Holzdrucken – insgesamt 12 000 Stück. Alle großen Namen dieser Kunst sind vertreten – von Harunobu und Utamaru bis zu Hokusai und Sharaku. Der reiche Geschäftsmann Seizo Ota richtete die Sammlung ein, als ihm auffiel, dass viele der besten Arbeiten an ausländische Museen verkauft wurden. *Karte B5 • 1-10-10 Jingumae, Shibuya-ku • 3403-0880 • Di–So 10.30–17.30 Uhr • Eintritt • www.ukiyoe-ota-muse.jp*

4 Takeshita-dori & Togo-Schrein

Am Wochenende ist die schmale Takeshita-dori wohl der dichtbevölkertste Ort der ganzen Stadt. In den zahlreichen Läden, die die Straße säumen, findet man den ganzen Kitsch der Subkultur: Motivkleidung, Kuscheltiere, Fanartikel und die verschiedensten ausgefallenen Accessoires. Dazwischen drängen sich Imbissläden und Crêpestände. Nur wenige Schritte vom Getümmel entfernt verströmt die Tempelanlage des Togo-Schreins heitere Ruhe. Der Schrein ist Admiral Heihachiro Togo gewidmet, der im Jahr 1905 die russische Flotte vernichtete. *Karte B5 • Harajuku, Minato-ku*

Fußgänger in der Takeshita-dori

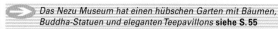

Das Nezu Museum hat einen hübschen Garten mit Bäumen, Buddha-Statuen und eleganten Teepavillons **siehe S. 55**

Spielen in Aoyama

Die wunderbare hydraköpfige Skulptur von Taro Okamato vor dem National Children's Castle *(Kodomo no Shiro, siehe S. 60)* lässt es schon erahnen: Aoyama bietet weit mehr als Shopping und Galeriebesuche, auch kindliche Gemüter haben hier Spaß. Die Kinderburg ist ein Wunderland, das auf vier Etagen Gelegenheit zum Klettern und Turnen, zum Malen und Musikmachen, zum Einrad- und Gokartfahren und zum Spielen und Toben bietet.

5 Yoyogi National Stadium

Während der Besatzungszeit (1945–52) erstreckte sich auf dem Gelände eine »Washington Heights« genannte Wohnanlage der Amerikaner. Die japanische Regierung bat um die Rückgabe des Areals, um dort das Olympische Dorf für die Spiele von 1964 zu errichten. Der Architekt Kenzo Tange entwarf die Olympischen Pavillons am Südende des Parks, deren schwungvolle Dächer noch immer sehr modern wirken.

Karte R4 • 2-1-1 Jinnan, Shibuya-ku • 3468-1171

6 Bunkamura

Bunkamura, zu Deutsch »Kulturdorf«, ist das beste Kunst- und Theaterzentrum Shibuyas. Es umfasst das Bunkamura Museum of Art, eine Galerie, die erstklassige kleine Konzert-, Opern- und Ballettbühne Orchard Hall, das Theater Cocoon *(siehe S. 59)* und das Programmkino Le Cinéma. Die Ausstellungen reichen von Werken großer Maler wie Monet und Fotografen wie Henri Cartier-Bresson bis zu Arbeiten junger Künstler. Der Komplex birgt auch eine Filiale des berühmten Pariser Cafés Les Deux Magots.

Karte Q5 • 2-24-1 Dogenzaka, Shibuya-ku • 3477-9111 • Museum: tägl. 10–19 Uhr (Fr & Sa bis 21 Uhr) • www.bunkamura.co.jp

7 Toguri Museum of Art

Das in einem grünen Wohngebiet gelegene kleine Museum birgt eine exzellente asiatische Porzellansammlung. Zu den japanischen Schätzen gehört Imari- und Nabeshima-Ware, die chinesischen Exponate stammen aus Tang-, Song- und späteren Dynastien. Die koreanische Abteilung zeigt Objekte aus der Koryo-Zeit.

Karte Q5 • 1-11-3 Shoto, Shibuya-ku • 3465-0070 • Di–So 9.30–17.30 Uhr • Eintritt • www.toguri-museum.or.jp

8 Meiji-Schrein

Ein imposantes Tor bildet den Eingang zur baumbestandenen Anlage des Meiji-Schreins. Die Wege säumen breitblättrige Bäume und Büsche. Der Schrein

Das Theater Cocoon im Kulturzentrum Bunkamura

Das Toguri Museum of Art wechselt seine Ausstellungen jährlich. Um die ganze Sammlung einmal zu zeigen, sind vier Jahre nötig.

Haupttor zum Meiji-Schrein

brannte im Zweiten Weltkrieg nieder, 1958 wurde eine detailgetreue Rekonstruktion des dem 1912 verstorbenen Kaiser Meiji gewidmeten Schreins errichtet *(siehe S. 24f)*.

9 Parco Art

Der Kunstraum im Shoppingkomplex Parco bietet das ganze Jahr über Popkultur-Ausstellungen mit Werken bekannter und unbekannter, auch umstrittener Künstler, Fotografen, Druck- und Grafikdesigner aus Japan und dem Ausland. Hauptbereiche sind Logos Gallery und Parco Factory, für weitere Veranstaltungen dient The Other Space. *Karte R5 • Parco Part 1, 1. Stock B & 3. Stock, 15-1 Udagawa-cho, Shibuya-ku • 3496-1287 • tägl. 10–21 Uhr • Eintritt • www.parco-art.com*

10 Taro Okamoto Memorial Museum

Das Museum im Atelier des zuweilen als »Picasso Japans« bezeichneten Künstlers Taro Okamoto (1911–1996) wurde 1998 von dessen Adoptivtochter Toshiko gegründet. Die ursprüngliche Atmosphäre wird sorgfältig bewahrt. Im Garten stehen großartige Skulpturen Okamotos. *Karte C6 • 6-1-19 Minami-Aoyama, Minato-ku • 3406-0801 • Mi–Mo 10–18 Uhr • Eintritt • www.taro-okamoto.or.jp*

Ein Tag im Zeichen der Architektur

Vormittag

Schlendern Sie von der U-Bahn-Station Omotesando auf der Aoyama-dori bis zur Plaza vor der von Kenzo Tange entworfenen United Nations University auf der rechten Seite. Auf dem Weg zurück sehen Sie rechter Hand die **Spiral** aufragen, dann geht es an der Kreuzung bei der U-Bahn-Station rechts zum **Prada Aoyama** *(siehe S. 98)*, das das Schweizer Architekturbüro Herzog & de Meuron gestaltete. Etwas weiter steht das Collezione-Haus, das der Autodidakt Ando Tadao entwarf. Zurück geht es geradeaus in die Omotesando-dori, wo Kenzo Tanges Hanai Mori Building steht. Auf der gegenüberliegenden Straßenseite bietet das Restaurant **Maisen** *(siehe S. 99)* in einem ehemaligen Badehaus leckere *tonkatsu* an.

Nachmittag

Zurück auf der Omotesando-dori gehen Sie Richtung Harajuku, wo Tods in einem schönen, von Toyo Ito gestalteten Laden edle Lederwaren verkauft. Gegenüber sticht die klare Linienführung der Fashion Mall **Omotesando Hills** *(siehe S. 98)* ins Auge. Folgen Sie der Straße und biegen Sie links in die Meiji-dori ein. Sie führt zum Audi Forum Tokyo mit der raffinierten Glasfassade und weiter zum Bahnhof Shibuya. Südlich der Gleise ragt Makoto Sei Watanabes **Aoyama Technical College** wie ein bedrohlicher Science-Fiction-Roboter auf. Erholen Sie sich von dem Schreck in der Café-Bar **Segafredo** bei einem guten Espresso.

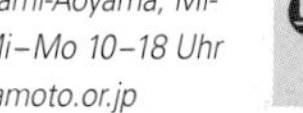

Historische Gebäude in Tokyo **siehe S. 48f**

Links **Laforet Harajuku** Mitte **Issey Miyake** Rechts **Prada Aoyama**

TOP 10 Mode- & Design-Treffs

1 Anniversaire Café

In dem eleganten, hochpreisigen Café mit Terrasse gilt das Motto »Sehen und Gesehenwerden«. *Karte B6 • 3-5-30 Kita-Aoyama, Minato-ku • 5411-5988*

2 A Bathing Ape

Die unverkennbaren Jeans und Kapuzenshirts des originellen Modeladens schätzen auch die Coolsten und Anspruchsvollsten. *Karte S4 • 5-5-8 Minami-Aoyama, Minato-ku • 3407-2145*

3 Comme des Garçons

Geschwungene Glasfenster und schräge Wände entsprechen dem kreativen Anspruch im Laden der Modedesignerin Rei Kawakubo. *Karte B6 • 5-2-1 Minami-Aoyama, Minato-ku • 3406-3951*

4 Undercover

Der Laden des ehemaligen Punkmusikers Jun Takahashi verkauft jugendliche Streetwear. *Karte C6 • Bleu Cinq Point Building, 5-3-18 Minami-Aoyama, Minato-ku • 5778-4805*

5 Prada Aoyama

Pradas hochwertige Mode steht fast ein wenig im Schatten der Brillanz des Glasgebäudes. *Karte C6 • 5-2-6 Minami-Aoyama, Minato-ku • 6418-0400*

6 Issey Miyake

Zu Miyakes Originaldesigns zählt die A-POC-Kollektion (»a piece of cloth«). *Karte B6 • 3-18-11 Minami-Aoyama, Minato-ku • 3423-1407*

7 Omotesando Hills

Boutiquen wie Jimmy Choo und Fachgeschäfte wie Juweliere wetteifern mit Dutzenden von Markenläden. *Karte B5 • 4-12-10 Jingumae, Shibuya-ku • 3497-0310*

8 Cat Street

Neben Designerläden wie Todd Oldham, Armani Casa und Anna Sui tragen in der von Boutiquen gesäumten Straße Cafés und Galerien zum modernen Flair bei. *Karte B5 • Omotesando-dori, Minato-ku*

9 Laforet Harajuku

Teenager lieben die schräge Mode und die ausgefallenen Accessoires, die in dem Kaufhaus in Hunderten von Läden angeboten werden. *Karte B5 • 1-11-6 Jingumae, Shibuya-ku • 3475-0411*

10 109 Building

Die innovative bis extreme Mode, die Teenager in dem zylindrischen Gebäude erstehen, ist Messlatte für die Trends der Zukunft. *Karte R5 • 2-29-1 Dogenzaka, Shibuya-ku • 3477-5111*

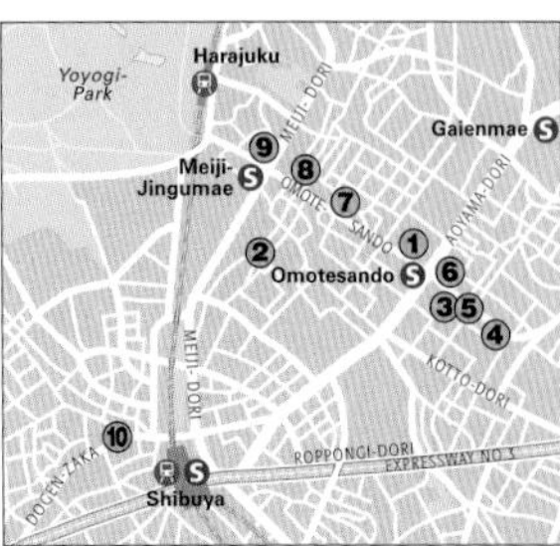

Tokyos faszinierende Popkultur **siehe S. 44f**

Theke im Las Chicas

Preiskategorien

Preis für ein durchschnittliches Abendessen pro Person (Mittagsmenüs sind meist günstiger).		
	¥	unter 2000 ¥
	¥¥	2000–5000 ¥
	¥¥¥	5000–10 000 ¥
	¥¥¥¥	über 10 000 ¥

TOP 10 Restaurants

1 Beacon
Das gehobene Steakhaus wird von einem innovativen amerikanischen Koch geführt. *Karte S5 • 1-2-5 Shibuya, Shibuya-ku • 6418-0077 • ¥¥¥*

2 Las Chicas
Wein, Cocktails, Fusionsküche und internationales Personal machen das Lokal bei in Tokyo lebenden Ausländern beliebt. *Karte B6 • 5-47-6 Jingumae, Shibuya-ku • 3407-6865 • ¥¥*

3 Jangara Ramen
Tonkatsu Ramen (Schweinekoteletts) ist die Spezialität unter den Gerichten im Kyushu-Stil. *Karte B5 • 1-13-21 Jingumae, Shibuya-ku • 3404-5405 • ¥*

4 Pure Café
Zu vegetarischen und veganen Speisen werden Bier und Wein aus ökologischem Anbau geboten. *Karte B6 • 5-5-21 Minami-Aoyama, Minato-ku • 5466-2611 • ¥*

5 Maisen
Tonkatsu (frittierte Schweinekoteletts) sind auch in der Hauptfiliale der bekannten Kette die Spezialität. *Karte B5 • 4-8-5 Jingumae, Shibuya-ku • 3470-0071 • ¥¥*

6 Gyossantei
Das Restaurant bietet Küche der Miyazaki-Präfektur und weitere Spezialitäten von der Insel Kyushu. *Karte Q5 • Shibuya Fhontis Building, 2-23-12 Dogenzaka, Shibuya-ku • 5489-6350 • So geschl. • ¥¥*

7 Fonda de la Madrugada
Die authentisch mexikanische Cantina serviert Enchiladas, gefüllte Chilischoten und Tortillas. *Karte B5 • Villa Bianca 1. Stock B, 2-33-12 Jingumae, Shibuya-ku • 5410-6288 • Mo geschl. • ¥¥¥*

8 Ghungroo
Das exzellente indische Restaurant bietet köstliche Gerichte in elegantem Ambiente. *Karte B6 • Seinan Building, 5-9-6 Minami Aoyama, Minato-ku • 3406-0464 • ¥¥*

9 Mominoki House
Das Speisenangebot des Restaurants ist überwiegend vegetarisch, es gibt aber auch Gerichte mit Kalbfleisch oder Fisch. *Karte B5 • 2-18-5 Jingumae, Shibuya-ku • 3405-9144 • ¥¥*

10 Kanetanaka-so
Das traditionelle, sehr urbane japanische Restaurant serviert *kaiseki ryori*, Japans saisonal geprägte feine Küche. *Karte R6 • Cerulean Tower Tokyu Hotel, 2. Stock, 26-1 Sakuragaoka-cho, Shibuya-ku • 3476-3420 • ¥¥¥¥*

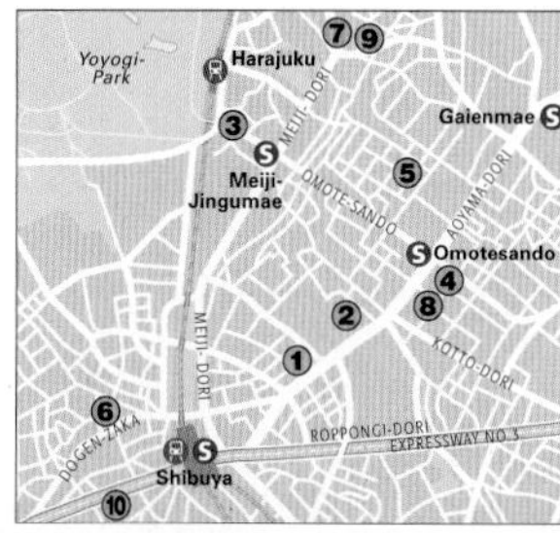

Restaurant-Tipps siehe S. 125

Links **Takashimaya Times Square** Rechts **Bunka Gakuen Costume Museum**

Shinjuku

SHINJUKU IST EIGENTLICH *eine Stadt für sich – mit großem Park, Bahnhof, Shopping Malls und Kaufhäusern. Die Bahngleise teilen den Bezirk in zwei Bereiche. Die breiten Straßen im westlichen Nishi-Shinjuku dominieren Büros, Läden und hypermoderne Wolkenkratzer. Der Osten Shinjukus erinnert dagegen an die 1960er Jahre, als das Künstlerviertel Maler, Schriftsteller und politische Aktivisten anzog. Kulturelle Attraktionen gibt es in ganz Shinjuku. Nachtschwärmer lockt der östliche Teil mit den neonerleuchteten Nachtlokalen und dem Rotlichtviertel.*

TOP 10 Attraktionen

1. **Bunka Gakuen Costume Museum**
2. **Sompo Japan Museum of Art**
3. **Pentax Forum**
4. **NTT InterCommunication Center**
5. **Tokyo Metropolitan Government Building**
6. **Shinjuku-Gyoen-Garten**
7. **Kabukicho**
8. **Hanazono-Schrein**
9. **Golden Gai**
10. **Takashimaya Times Square**

Kabukicho bei Nacht

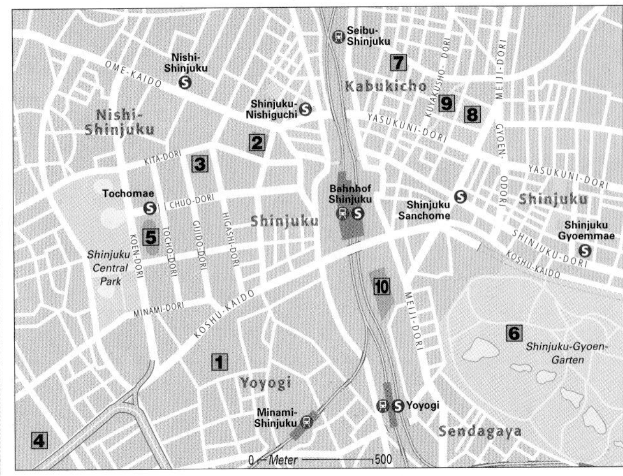

Vorhergehende Doppelseite **Rainbow Bridge, Odaiba**

Cocoon Tower

1 Bunka Gakuen Costume Museum

Das Museum gehört zur Bunka Women's University, einer erstklassigen Schule für Modedesign. Die historische Sammlung, von der immer nur ein Teil zu sehen ist, reicht von einem zwölflagigen Kimono der Heian-Zeit bis zu Kostümen aus dem No-Theater. Zu den modernen Entwürfen gehören auch japanische Variationen der Swinging Sixties. Schnittmuster und Illustrationen dokumentieren japanische Moden im Lauf der Zeit. *Karte A4 • 3-22-7 Yoyogi, Shibuya-ku • 3299-2387 • Mo–Sa 10–16.30 Uhr • Eintritt*

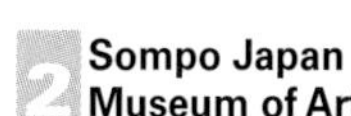

2 Sompo Japan Museum of Art

Das Kunstmuseum präsentiert z. B. Werke von Seiji Togo (1897–1978), dessen Bilder vorwiegend Frauen zeigen und stilistisch zwischen Art déco, Kubismus und japanischen Anime-Figuren variieren. Außerdem sind Bilder europäischer Maler wie Gauguin und Cézanne ausgestellt. Die Versicherung, der das Gebäude gehört, machte 1987 Schlagzeilen, als sie van Goghs *Sonnenblumen* für fünf Milliarden Yen ersteigerte. *Karte A3 • Sompo Japan Building, 42. Stock, 1-26-1 Nishi-Shinjuku • 5405-8686 • Di–So 10–18 Uhr • Eintritt • www.sompo-japan.co.jp/museum/english*

3 Pentax Forum

Das Pentax Forum im Shinjuku Center ist Kameramuseum, Fotogalerie und Servicezentrum in einem. Neben Ausstellungen von bekannten Fotografen und talentierten Amateuren ist eine Sammlung von Pentax-Kameras zu bewundern, von denen man die meisten in die Hand nehmen und ausprobieren darf. Das Haus verfolgt das Ziel, die »fotografische Kultur zu fördern«. In Vorträgen, Veranstaltungen und fototechnischen Vorführungen im Open Studio werden alle Aspekte der Fotografie abgedeckt. *Karte A3 • Shinjuku Center Building, 1. Stock, 1-25-1 Nishi-Shinjuku, Shinjuku-ku • 3348-2941 • Mi–Mo 10.30–18.30 Uhr*

4 NTT InterCommunication Center

Die Ausstellungen dieser Einrichtung im Büro- und Kulturzentrum Tokyo Opera City drehen sich um die Brücke zwischen Technik und Kreativität. Betreiber ist der Telekommunikationskonzern NTT. Mit Installationen, Videos und interaktiven Exponaten wird der Verbindung zwischen Kunst, Mediendesign und moderner Technik auf den Grund gegangen. Die ausgezeichnete Videothek enthält Arbeiten bahnbrechender Künstler wie Laurie Anderson und Nam June Paik. *Karte A4 • Tokyo Opera City Tower, 4. Stock, 3-20-2 Nishi-Shinjuku • 0120-144-199 • Di–So 11–18 Uhr*

NTT InterCommunication Center

Mehr über das Bunka Gakuen Costume Museum
www.bunka.ac.jp/museum/text/english

Tokyo Metropolitan Government Building

5 Tokyo Metropolitan Government Building

Das von Kenzo Tange entworfene Tokyo Metropolitan Building (Tocho) trotzt der Zeit und den Erdbeben. Es steht in einem Wald aus Wolkenkratzern, der Spitznamen von »Klein Manhattan« bis »Grabsteinreihe« trägt. Die Aussichtsdecks in den beiden 48-stöckigen Türmen sind mit den Expressaufzügen in weniger als einer Minute zu erreichen. Der Panoramablick von dort oben ist fantastisch. *Karte A4 • 2-8-1 Nishi-Shinjuku, Shinjuku-ku • 5321-1111 • tägl. 9.30–23 Uhr • frei*

6 Shinjuku-Gyoen-Garten

Bevor der große Garten 1906 zu einem kaiserlichen Rückzugsort wurde, gehörte er zum Anwesen der Adelsfamilie Naito. Heute ist er öffentlich zugänglich. Das Gelände birgt einen japanischen, einen französischen und einen englischen Garten sowie einen alten botanischen Garten und ein Teehaus. In dem Park ist es stets zwei Grad kühler als in den umliegenden Stadtgebieten. *Karte B4 • 11 Naito-cho, Shinjuku-ku • 3350-0151 • Di–So 9–16.30 Uhr • Eintritt*

Volksküche in Shin-Okubo

Tokyos multikulturellen Charakter erlebt man am besten im kosmopolitischen, aber bodenständigen Viertel Shin-Okubo. In diesem »Little Asia« ist nahezu jede asiatische Nationalität vertreten. Es gibt koreanische Grills, China- und Burma-Lokale sowie Currystände von Thailändern, Indern und Malaysiern.

7 Kabukicho

Tokyos führendes *sakariba* (Vergnügungsviertel) gibt sich alle Mühe, die Genusssucht der Städter zu befriedigen. Grell und neonerleuchtet widmet sich Kabukicho laut dem US-Schriftsteller Donald Richie »derselben freizügigen Maßlosigkeit«, wie sie im alten Edo gepflegt wurde. Abends erwacht das Labyrinth aus Clubs, Varietés, Bars, Musiklokalen und ausländischen Restaurants zum Leben. *Karte B3 • Shinjuku-ku*

Shinjuku-Gyoen-Garten

8 Hanazono-Schrein

Der Schrein mit den orangefarbenen Säulen und zinnoberroten Wänden wurde seit seiner Gründung im 16. Jahrhundert mehrmals wiederaufgebaut. Er ist Yamato Takesu, gewidmet, einem Krieger aus dem 4. Jahrhundert. Der Eingang

Auf dem Gelände des Hanazono-Schreins findet jeden Sonntag ein kleiner Flohmarkt statt.

Hanazono-Schrein

des Schreins, in dem Gläubige um Glück bitten, ist nachts von roten und weißen Lampions erleuchtet. *Karte B3 • 5-17-3 Shinjuku, Shinjuku-ku • 3209-5265*

9 Golden Gai

Die vier Fußgängerzonen von Golden Gai durchzieht ein Netz aus rund 200 winzigen Kneipen. Zu den Stammgästen in diesen Bars, die kurz nach dem Zweiten Weltkrieg entstanden, zählen die Büroangestellten des Viertels wie auch Schriftsteller, Sumo-Ringer und Transvestiten. Meist wird ein Eintritt von 1000 Yen verlangt. *Karte B3 • Shinjuku, Shinjuku-ku*

10 Takashimaya Times Square

Der 15-stöckige Komplex des namengebenden Kaufhauses ist ein Shoppingparadies mit atemberaubendem Warenangebot. Außer Mode, Accessoires und einer exzellenten Lebensmittelabteilung findet man hier auch Restaurants, Cafés, ein IMAX-Kino, die Sega-Spielhalle »Joypolis« und eine Filiale der Haushaltswarenkette Tokyu Hands. Besucher dürfte der Buchladen Kinokuniya interessieren, der eine ganze Etage mit englischen Büchern präsentiert. *Karte B4 • 5-24-2 Sendagaya, Shinjuku-ku • 5361-1111 • tägl. 10–20 Uhr (Kaufhäuser & Läden variierende Öffnungszeiten)*

Ein Tag im östlichen Shinjuku

Vormittag

Vom Südausgang des JR-Bahnhofs Shinjuku gelangen Sie zum weitläufigen **Shinjuku-Gyoen-Garten**. Hier könnte man den ganzen Vormittag verbringen, doch gehen Sie weiter zum futuristischen Shopping-Komplex **Takashimaya Times Square**. In der 12. Etage serviert Donatello's gute Eiscreme und Kaffee. Weiter geht es auf der Meiji-dori zum Kaufhaus Isetan an der Ecke Shinjuku-dori. Die Isetan Art Gallery präsentiert die neuesten Trends in japanischer Keramik und bildender Kunst. Falls Sie Hunger haben, biegen Sie an der Yasukuni-dori links ab. In einem Holzgebäude auf der rechten Straßenseite serviert das Lokal **Tsunahachi** *(siehe S. 107)* Tempura-Gerichte zu vernünftigen Preisen.

Nachmittag

Der Rückweg auf der Yasukuni-dori führt zum Tor des **Hanazono-Schreins**. Im benachbarten Bar-Viertel **Golden Gai** sind die Gassen um diese Zeit noch leer – so können Sie sich in Ruhe eine Bar für den Abend aussuchen. Im nahen **Kabukicho** führen fast alle Straßen nordwärts zur Hauptstraße Okubo-dori, die das Viertel Shin-Okubo durchzieht. Hier können Sie in internationalen Spezialitäten- und Fachgeschäften stöbern. In dem Viertel stehen viele kleine Tempel und Inari-Schreine sowie Kirchen für die koreanischen Christen. In einem der vielen Restaurants von »Little Asia« beschließen Sie den Tag mit einem frühen Abendessen.

Die amerikanischen Regisseure Francis Ford Coppola und Quentin Tarantino lieben angeblich die Bar La Jetée im Golden Gai.

Links **Advocates Café** Mitte **Shinjuku Loft** Rechts **Antiknock**

Top 10 Bars & Clubs

1 Little Delirium
Die belgische Bar bietet eine große Auswahl an Flaschen- und Fassbieren sowie gute Küche. *Karte B4 • Shinjuku Southern Terrace, 2-2-1 Yoyogi, Shibuya-ku • 6300-0807*

2 Albatross G
Die geräumige Bar hebt sich mit einer langen Theke und Gedeckpreisen von 300 Yen von den Lokalen im Golden Gai ab. *Karte B3 • 5th Avenue, 2. Stock, 1-1-7 Kabukicho, Shinjuku-ku • 3203-3699 • Eintritt*

3 Advocates Café
Die Schwulenbar bietet verschiedene Happy Hours – sonntags kann man für 1000 Yen unbegrenzt Bier trinken. *Karte B3 • 7th Tenka Building, 1. Stock, 2-18-1 Shinjuku, Shinjuku-ku • 3358-3988*

4 Shinjuku Loft
Der alteingesessene Club mit Livebühne für Rock und Pop hat auch einen Barbereich. *Karte B3 • Tatehana Building, 2. Stock B, 1-12-9 Kabukicho, Shinjuku-ku • 5272-0382 • Eintritt*

5 Open
Die Eigner gründeten in den 1990er Jahren eine der ersten Reggaebars Tokyos. *Karte B4 • 2-5-15 Shinjuku, Shinjuku-ku • 3226-8855*

6 Bar Plastic Model
In der modernen Themenbar im Golden Gai stammt die Hintergrundmusik durchgängig aus den 1980er Jahren. *Karte B3 • 1-1-10 Kabukicho, Shinjuku • 5273-8441*

7 Antiknock
In dem kleinen Club spielen häufig aufstrebende Bands aus Tokyos schicker Cyberpunk-Szene. *Karte B4 • Ray Flat Shinjuku, 1. Stock B, 4-3-15 Shinjuku, Shinjuku-ku • 3350-5670*

8 Garam
Die kleine Reggaebar ist seit Langem beliebt. Sie bietet MCs und DJs ebenso wie Livemusik. *Karte B3 • Dai-Roku Polestar Building, 1-16-6 Kabukicho, Shinjuku-ku • 3205-8668*

9 Bar Gold Finger
Die Frauen vorbehaltene Bar liegt in Tokyos schwul-lesbischem Viertel Shinjuku Ni-Chome. Regelmäßig werden Clubabende mit Gast-DJs veranstaltet. Männer haben nur freitags Zutritt. *Karte B3 • 2-12-11 Shinjuku, Shinjuku-ku • 6383-4649*

10 Shinjuku Pit Inn
In dem Club für echte Jazzfans finden am Wochenende Matineen zum halben Preis statt. *Karte B3 • Accord Building, B1, 2-12-4 Shinjuku, Shinjuku-ku • 3354-2024 • Eintritt*

Weitere Clubs in Tokyo **siehe S. 62f**

New York Grill

Preiskategorien

Preis für ein durchschnittliches Abendessen pro Person (Mittagsmenüs sind meist günstiger).	¥	unter 2000 ¥
	¥¥	2000–5000 ¥
	¥¥¥	5000–10 000 ¥
	¥¥¥¥	über 10 000 ¥

TOP 10 Restaurants

1 Tsunahachi

Das Lokal in einem Haus aus der Vorkriegszeit serviert riesige Portionen frittierter Tempura-Gerichte. *Karte B3 • 3-31-8 Shinjuku, Shinjuku-ku • 3352-1012 • ¥*

2 Tokaien

Auf neun Etagen genießen Gäste exzellentes *yakiniku* (koreanisches Barbecue). Besonders Hungrige wählen das Büfett im sechsten Stock. *Karte B3 • 1-6-3 Kabukicho, Shinjuku-ku • 3200-2934 • ¥¥*

3 Daidaiya

Die Filiale einer kleinen Kette bietet moderne japanische und asiatische Fusionsküche. *Karte B3 • Shinjuku Nowa Building, 3-37-12 Shinjuku, Shinjuku-ku • 5362-7173 • ¥¥¥*

4 Ban Thai

Das Ban Thai zählte zu den ersten Thai-Restaurants in Tokyo. *Karte B3 • Dai-ichi Metro Building, 3. Stock, 1-23-14 Kabukicho, Shinjuku-ku • 3207-0068 • ¥¥*

5 New York Grill

Die abendlichen Fleisch- und Seafood-Gerichte sind großartig, der Sonntagsbrunch ist legendär. *Karte B4 • Park Hyatt Tokyo, 52. Stock, 3-7-1 Nishi-Shinjuku, Shinjuku-ku • 5323-3458 • ¥¥¥¥*

6 Bishoku Maimon

Auf Holzkohle gegarte Gerichte sind Spezialität der gemütlichen Filiale der Kette. *Karte B3 • Shinjuku Kouyo Building, 1. Stock B, 1-19-5 Nishi-Shinjuku • 5320-8228 • ¥¥*

7 Sansar

Neben klassischen indischen Gerichten servieren nepalesische Kellner Speisen aus ihrer Heimat. *Karte B3 • 6-13-8 Shinjuku, Shinjuku-ku • 3354-8553 • ¥¥*

8 Omoide-Yokocho

In dem stimmungsvollen Gewirr aus Gassen locken *Yakitori*-Hühnchen-Lokale, Nudelläden und Bars. Das Areal sollte man baldmöglichst besuchen, da eine Umstrukturierung geplant ist. *Karte B3 • Nishi-Shinjuku, 1-chome, Shinjuku-ku*

9 Tavolo di Fiori

Das freundliche Personal der großen, traditionellen Trattoria serviert Spezialitäten aus der Toskana. *Karte B3 • 3-16-13 Shinjuku, Shinjuku-ku • 3354-3790 • ¥¥*

10 Imahan

Shabu-shabu (hauchdünne gegarte Streifen) und *sukiyaki* (eine Art Fondue) zählen zu den vielen angebotenen Rindfleischgerichten. *Karte B3 • Times Square Building, 14. Stock, 5-24-2 Sendagaya, Shibuya-ku • 5361-1871 • ¥¥*

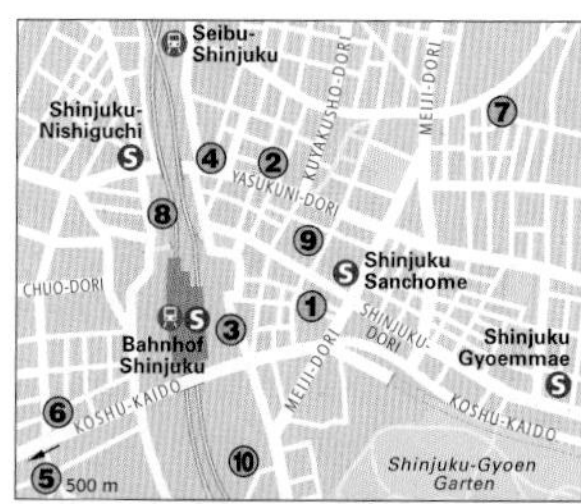

Tischsitten in Japan siehe S. 119

Links **Tempel Sengaku-ji** Rechts **Hafenviertel in Yokohama**

Abstecher

SEIT ÜBER 400 Jahren führen alle Wege nach Tokyo, zum politischen, wirtschaftlichen und kulturellen Zentrum Japans. An den Straßen entstanden Häfen, Handelsposten, Tempel, Mausoleen und Orte der Erholung, über die sich sich neue Religionen, Architektur- und Gartenbaustile verbreiteten. Tokyos Umgebung lässt sich bequem mit dem Zug erkunden, Sehenswürdigkeiten am Stadtrand erreicht man über das U-Bahn-Netz. An den prächtigen Gräbern in Nikko, im alten Kamakura und in Kawagoe aus der Edo-Zeit taucht man in die Vergangenheit ein, auf der futuristischen Insel Odaiba blickt man hingegen in die Zukunft.

Top 10 Attraktionen

1. **Nikko**
2. **Odaiba**
3. **Kawagoe**
4. **Yokohama**
5. **Kamakura**
6. **Fuji-Hakone-Izu National Park**
7. **Koishikawa-Korakuen-Garten**
8. **Tempel Sengaku-ji**
9. **Edo-Tokyo Open Air Architectural Museum**
10. **Edo-Tokyo Museum**

Engetsukyo-Brücke im Koishikawa-Korakuen-Garten

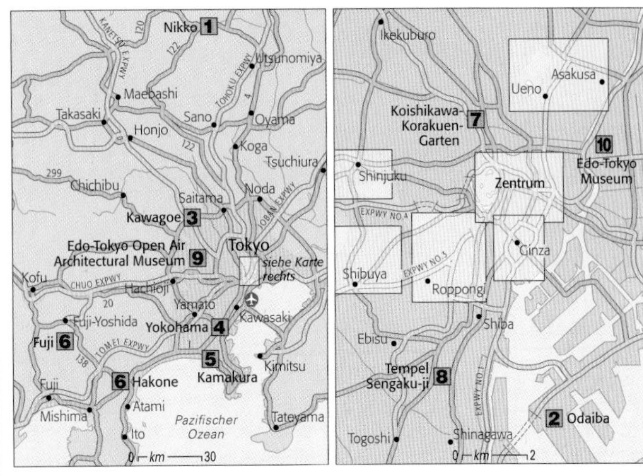

In Nikko fahren Busse vom Toshogu-Schrein zum schönen See Chuzenji-ko und dem nahegelegenen Wasserfall Kegon no Taki.

1 Nikko

Die opulenten Tempel, religiösen Kunstwerke, Mausoleen und Gräber in Nikko erinnern eher an Rokoko als an Zen. Im Toshogu-Schrein wurde 1617 der Shogun Ieyasu Tokugawa beigesetzt. Man erreicht den Komplex aus Gebäuden und Mausoleen über die Allee, die zum Tempel Rinno-ji mit einer tausendarmigen Kannon-Statue und der fünfstöckigen Pagode Gojuno-to führt. Hauptattraktion Nikkos ist das reich verzierte Yomei-mon, das Tor zum Toshogu-Schrein. Das Mausoleum Ieyasu Tokugawas liegt ein Stück oberhalb zwischen den Zedern. *Karte B1 • Präfektur Tochigi • Tobu-Linie von Asakusa • Toshogu-Schrein: tägl. 8–16 Uhr (Apr–Okt bis 17 Uhr); Eintritt*

Toshogu-Schrein in Nikko

2 Odaiba

Die künstliche Insel Odaiba entführt mit dem Fuji TV Building, dem Tokyo Big Sight und anderen futuristischen Bauten in eine andere Welt. Die Kultur-, Shopping- und Unterhaltungshochburg wartet mit schicken Einkaufsarkaden, den Cafés und Restaurants der Tokyo Decks, einem Uferpark, künstlichem Strand, Spielhallen und einem Technik-Museum auf *(siehe S. 28f)*.

3 Kawagoe

Die als »Klein-Edo« bekannte Stadt florierte als Warenlieferant für die Hauptstadt. Heute lockt vor allem die Hauptstraße Ichiban-gai Besucher an. Viele der gut erhaltenen alten Lagerhäuser wurden in Läden, Galerien und Museen umgewandelt. Das Gebäude des Keramikladens Yamawa ist ein besonders schönes Beispiel für die Architektur der feuerfesten Lagerhäuser. Der hölzerne Glockenturm Toki no Kane in einer Seitenstraße ist das Wahrzeichen der Stadt. *Karte B2 • Präfektur Saitama • Tobu-Toju-Linie von Ikebukuro*

4 Yokohama

Zur Meiji-Zeit war Yokohama eine bedeutende internationale Siedlung und Hafenstadt. Heute dominiert den Hafen der Minato-Mirai-Komplex mit Vergnügungspark, Kunstmuseum, Shopping Mall und dem riesigen Landmark Tower. Ganz in der Nähe liegt der schöne alte Klipper *Nippon Maru*. Die historischen Häuser der einstigen Ausländersiedlung Yamate, die Lokale und Läden der Chinatown, ein Seiden- und ein Puppenmuseum, die alten Zollhäuser und der japanische Garten Sankein bieten ein volles Tagesprogramm. *Karte B2 • Präfektur Kanagawa • JR-Keihin-Tohoku-Linie von Tokyo; U-Bahn Minato Mirai von Shibuya*

Skulptur am Tokyo Big Sight, Odaiba

Die verarbeitete Mischung aus Gips und Holzkohlenstaub lässt die Lagerhäuser in Kawagoe schwarz schimmern.

Die mächtige Bronzestatue des Daibutsu (Großen Buddha) in Kamakura

5 Kamakura

Die Stadt am Meer, von 1192 bis 1333 Sitz der Shogune, präsentiert Schreine, Gärten und die Buddha-Statue Daibutsu. Der Zug von Tokyo benötigt eine Stunde. Der Bahnhof Kita-Kamakura liegt näher am Tempel Engaku-ji sowie den Gärten und sakralen Stätten des Meigetsu-in, der Bahnhof Kamakura näher an den Kunsthandwerks- und Lebensmittelläden von Wakamiya-oji und Komatsu-dori und dem Schrein Tsurugaoka Hachiman-gu. *Karte B2 • Präfektur Kanagawa • JR-Yokosuka-Linie von Tokyo, Shimbashi oder Shinagawa*

6 Fuji-Hakone-Izu National Park

Die gewundene Strecke der Hakone Tozan Railway beginnt in Hakone-Yumato, bekannt für seine Thermalquellen. In Miyanoshita lohnt eine Teepause im Fujiya Hotel *(siehe S. 113)*. Weiter oben präsentiert ein Freilichtmuseum u. a. Statuen von Henry Moore und Rodin. Von der Endstation Gora geht es mit der Seilbahn zum See Ashi hinab. Das vulkanische Tal Owakudani lohnt einen Zwischenstopp. Der Berg Fuji dominiert die Landschaft. *Karte A2 • Odakyu-Expressbus von Shinjuku; JR-Linie von Tokyo; Odakyu-Linie von Shinjuku*

Ost trifft West

Am 8. Juli 1853 kreuzte der US-Admiral Perry mit seinen »schwarzen Schiffen« in der Uraga-Bucht auf *(siehe S. 32)*, um die Öffnung Japans zu erzwingen. Der zeremonielle Austausch von Geschenken – eine bronzene Tempelglocke und ein Teekessel gegen einen Telegrafen und einen Fotoapparat – zeigte, welche Entwicklungen Japan verpasst hatte.

7 Koishikawa-Korakuen-Garten

Der älteste Architekturgarten Tokyos wurde 1629 um einen zentralen Teich angelegt. Er präsentiert Landschaften aus der japanischen und chinesischen Literatur: Ein sanfter, mit Zwergbambus bewachsener Hügel steht für das Lushan-Gebirge, ein Bach für den Fluss Oikawa *(siehe S. 22f)*.

8 Tempel Sengaku-ji

Der Tempel war 1701 Schauplatz der wahren Geschichte von den »47 Ronin« *(siehe S. 32)*, als die Samurai des Fürsten Asano den Kopf des enthaupteten Feindes auf das Grab ihres Herrn legten. Mit dem Abbrennen von Weihrauch an ihren Gräbern ehrt man die Getreuen. *Karte D2*
• 2-11-1 Takanawa, Minato-ku • 3441-5560
• Station Sengaku-ji, U-Bahn Asakusa
• 7–17 Uhr • Museum: 9–16 Uhr; Eintritt

Den 3776 Meter hohen Fuji kann man nur im Juli und im August besteigen. Das restliche Jahr über ist der Aufstieg zu gefährlich.

9 Edo-Tokyo Open Air Architectural Museum

In dem wunderschönen Freilicht-Architekturmuseum, einem Ableger des Edo-Tokyo Museum in Ryogoku, sind repräsentative Bauten aus der Edo-, der Meiji- und aus späteren Zeiten versammelt. Die Bauernhäuser, Privatresidenzen, öffentlichen Gebäude und ein Badehaus schmücken einen Teil des Koganei-Parks.

Karte B2 • Koganei Koen, 3-7-1 Sakuramachi, Koganai-shi • 042-388-3300 • Musashi Koganei, Chuo-Linie • Di–So 9.30–6.30 Uhr (Apr–Sep bis 17.30 Uhr) • Eintritt

10 Edo-Tokyo Museum

Das moderne Museum steht wie ein altes Lagerhaus auf Pfählen. Mithilfe von maßstabsgetreuen Modellen, Kostümen, Holzdrucken, Geräten und anderen Artefakten erweckt es die vergangenen Zeiten der Stadt zum Leben. Dabei wird der Alltag von einfachen Bürgern, Händlern, Handwerkern und Künstlern ebenso beleuchtet wie das Leben der Samurai und des Adels. Die Ausstellung beginnt bei den Zeiten der Burg Edo und reicht bis zur Nachkriegszeit und den Olympischen Spielen, die 1964 in Tokyo stattfanden *(siehe S. 14f)*.

Kabuki-Kostüm im Edo-Tokyo Museum

Zwei Tage in Kamakura

Erster Tag

Vom Bahnhof Kamakura erkunden Sie zunächst die Komachi-dori mit Fachgeschäften und Cafés, dann die Wakamiya-oji auf der anderen Seite, wo heimische Erzeugnisse angeboten werden. Am Ende der Straße liegt Kamakuras bedeutendster Schrein, der dem Kriegsgott geweihte Tsurugaoka Hachiman-gu. Vom Schrein aus geht es nach links zur Kamakura National Treasure Hall. In einer schmalen Gasse zwischen Wakamiya-oji und Komachi-dori serviert Nakamura-an exzellente Nudeln. Die Buslinie 5 bringt Sie vom Bahnhof aus zum Sugimoto-dera-Tempel, der ältesten Gebetsstätte der Gegend. Der Pavillon im Tempel Hokoku-ji gegenüber bietet sich für eine Teepause an. Unweit steht der Zen-Tempel Zuizen-ji in einem Garten aus dem 14. Jahrhundert.

Zweiter Tag

Spazieren Sie vom Bahnhof Kita-Kamakura zum Tempel Engaku-ji. Jenseits der Gleise liegt der Tempel Tokei-ji. Zurück über den Bahnübergang führt Ihr Weg südwärts zum Meigetsu-in-Tempel und weiter zu den Holztoren des Tempels Kencho-ji. Nebenan bietet Hachi-no-ki Honten Speisen der buddhistisch-vegetarischen Küche *shojin ryori*. Gehen Sie zurück, bis Sie das Schild eines Wanderwegs sehen. Hier geht es links zur Buddha-Statue Daibutsu. Dann genießen Sie auf der Straße zum Hase-dera-Tempel den schönen Blick über Bucht und Stadt. Von der Haltestelle Hase fährt eine Tram zum Bahnhof Kamakura.

Die weitläufige Anlage des Edo-Tokyo Open Air Architectural Museum ist berühmt für ihre Kirschblüten.

Links **Tokyo Metropolitan Art Space, Ikebukuro** Rechts **Das Sumo-Stadion Kokugikan**

TOP 10 Weitere interessante Ziele

1 Ikebukuro

Zu den Attraktionen in dem bei jungen Leuten beliebten Ausgehviertel zählen z. B. der Tokyo Metropolitan Art Space und Sunshine City. *Karte B2 • Toshima-ku*

2 Kokugikan

Dreimal im Jahr ist das riesige National Sumo Stadium Schauplatz eines 15-tägigen Turniers der japanischen Ringer. *Karte B2 • 1-3-28 Yokoami, Sumida-ku • 3623-5111*

3 Shimokitazawa

Am Wochenende bevölkert die modebewusste Jugend die schmalen Straßen, Modeläden, Clubs und kleinen Experimentaltheatern des Viertels. *Karte B2 • Setagaya-ku*

4 Inokashira-Park

Am Wochenende erobern Musiker, Marktstände und Straßenkünstler die Wege des Parks, den im April Kirschblüten zieren. *Karte B2 • Musashino & Mitaka • Parkverwaltung: 1-18-31 Gotenyama, Musashino; 0422-47-6900*

5 Ghibli Museum

Das Museum im Inokashira-Park ehrt das Werk des Künstlers Hayao Miyazaki *(siehe S. 60)*.

6 Gotoh Museum

Das Haus präsentiert eine Privatsammlung von buddhistischen Kalligrafien, Malereien und seltenen Bildrollen. *Karte B2 • 3-9-25 Kaminoge, Setagaya-ku • 5777-8600 • Di–So 10–17 Uhr • Eintritt*

7 Takao

Der Berg bietet beliebte Wanderwege – weniger anstrengend als der Fuji und näher bei Tokyo –, aber auch eine Bahn und einen Sessellift. Am Takao liegt der imposante Yakuoin-Tempel. *Karte A2*

8 Tokyo Disney Resort

Die beliebten Attraktionen in Disneyland und DisneySea sorgen bei Kindern für einen glücklichen Tag *(siehe S. 61)*.

9 Narita-san Shinsyo-ji

Die im Jahr 940 gegründete, stets gut besuchte Tempelanlage liegt nicht weit vom International Airport Narita entfernt. Das große Areal verströmt historisches Flair. *Karte B2 • Narita • 0476-22-2111*

10 Nihon Minka-en

Traditionelle Häuser samt Gerätschaften wurden aus ganz Japan in das herrlich grün gelegene Freilichtmuseum für Volksarchitektur verbracht. *Karte B2 • 7-1-1 Masugata, Tama-ku, Kawasaki • 044-922-2181 • Di–So 9.30–16.30 Uhr (März–Okt bis 17 Uhr) • Eintritt*

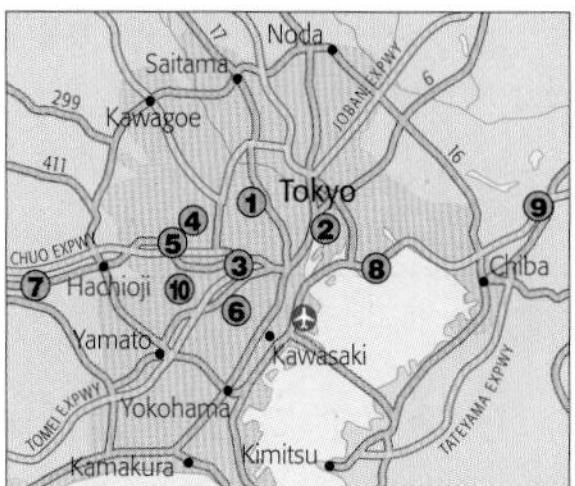

Im Ghibli Museum sieht man Nachbauten von Hayao Miyazakis Studio, Modelle von Filmfiguren und kurze Animationen.

Preiskategorien

Preis für ein durchschnittliches Abendessen pro Person (Mittagsmenüs sind meist günstiger).

¥	unter 2000 ¥
¥¥	2000–5000 ¥
¥¥¥	5000–10 000 ¥
¥¥¥¥	über 10 000 ¥

Links **Shin-Yokohama Ramen Museum** Rechts **Fujiya Hotel**

TOP 10 Restaurants

1 Shin-Yokohama Ramen Museum

Im Erdgeschoss des Museums zur Geschichte der japanischen Nudel werden Japans beliebteste *ramen*, von Hokkaido bis Kyushu, angeboten. *Karte B2 • 2-14-21 Shin-Yokohama, Kohoku-ku, Yokohama • 045-471-0503 • ¥*

2 Dohatsu Honkan

Die mittäglichen Schlangen vor dem Hongkong-Restaurant sprechen für die Qualität der Seafood-Küche. Abends herrscht etwas weniger Betrieb. *Karte B2 • 148 Yamashita-cho, Naka-ku, Yokohama • 045-681-7273 • Di geschl. • ¥¥*

3 Mutekiro

Exquisite französische Küche und etwas französischer Pomp locken Gäste in das schön dekorierte Restaurant in Yokohamas schickem Viertel Motomachi. *Karte B2 • 2-96 Motomachi, Naka-ku, Yokohama • 045-681-2926 • ¥¥¥*

4 Chaya-kado

Nahe dem Tempel Kencho-ji bietet das gemütliche *Soba*-Restaurant am Tempelweg eine nette Rastmöglichkiet und gute Nudel-Gerichte. *Karte B2 • 1518 Yamanouchi, Kamakura • 0467-23-1673 • ¥*

5 Gentoan

Das mit einem schönen steinernen Eingang versehene Restaurant bietet zauberhaft angerichtete *Kaiseki-ryori*-Gerichte. *Karte B2 • 823 Yamanouchi, Kamakura • 0467-43-5695 • ¥¥¥*

6 Al Ain

Gute nahöstliche Küche ist in Japan selten zu finden, im Al Ain bereitet jedoch der einstige Koch der Botschaft Kuwaits Exquisites zu. *Karte B2 • Stork Tower Odori Koen I Building, 2-17 Yayoicho, Naka-ku, Yokohama • 045-251-6199 • ¥¥*

7 Fujiya Hotel

Im Hotelrestaurant servieren Kellnerinnen mit Schürzen wie zu Agatha Christies Zeiten exquisite westliche Kost wie Regenbogenforelle oder Steak. Das Lokal hat sich seit der Eröffnung 1878 wenig verändert. *Karte A2 • 359 Miyanoshita, Hakone • 0460-82-2211 • ¥¥¥*

8 Gyoshintei

Das Lokal, fünf Gehminuten nordöstlich vom Tempel Rinno-ji, bietet buddhistisch-vegetarische und *Kaiseki-ryori*-Gerichte. *Karte B1 • 1 Yama-uchi, Nikko • 0288-53-3751 • ¥¥*

9 Bashamichi Taproom

Zu authentischem Südstaaten-Barbecue mit über Kirschholz gebratenem Fleisch werden exzellente Biere aus Mikrobrauereien angeboten. *Karte B2 • 5-63-1 Sumiyoshicho, Yokohama • 045-264-4961 • ¥¥*

10 Ichinoya

Die Spezialität von Kawagoe ist Aal – hier gibt es ihn in verschiedener Form auf Reis mit eingelegtem Gemüse und Misosuppe. *Karte B2 • 1-18-10 Matsueco, Kawagoe • 049-222-0354 • ¥¥¥*

Die berühmten Bildrollen des Gotoh Museum zählen zum nationalen Kulturerbe und werden nur einmal im Jahr gezeigt.

3F
お好み焼
本陣
8F
居酒屋
本陣
4F
お好み
もんじゃ
たこ焼き
本陣
PART2
7F
小松ビル
NOLOAN
お好み
もんじゃ
たこ焼き
本陣
PART2
7F
居酒屋
本陣
4F
☎ 3232-4794
フリー麻雀さん
6F
お好み焼
本陣
8F
居酒屋
本陣
4F
1週間無利息キャッシング
NOLOAN
番街
本陣庵
本陣庵
二階
ELEVEN
たばこ
TAXI

ディック
6F
自動契約コーナー
カラオケ
ビッグワン
5F
3202-2880
アコム
3F
牛丼
吉野家
YOSHINOYA
YOSHINOYA

REISE-INFOS

Links **Steckdose** Mitte **Aquarium in einem Kinderpark** Rechts **Flugzeug von JAL (Japan Airlines)**

TOP 10 Reisevorbereitung

1 Beste Reisezeit

Wer Feste und Veranstaltungen im Freien erleben möchte, sollte im Frühjahr oder Herbst reisen. Auch der milde Winter ist eine schöne Zeit. Mitte August feiert man in Japan O-Bon, das Fest der Lichter. Zu dieser Zeit sind jedoch die Verkehrsmittel rund um Tokyo meist überfüllt. Haupturlaubszeit der Japaner sind die »Goldene Woche« von 29. April bis 5. Mai und die Zeit um Neujahr. Dann steigen die Preise für Flug und Hotel.

2 Fluglinien

Die nationale Fluglinie JAL (Japan Airlines) bedient fast alle bedeutenden Ziele der Welt. Zu vergleichbaren Preisen fliegt die zweitgrößte Linie ANA (All Nippon Airways) internationale und nationale Ziele an. Internationale Flüge kommen meist am Flughafen Narita an, Inlandsflüge steuern in der Regel Haneda an.

3 Reisedauer

Tokyo ist wegen seiner Ausmaße und des gewaltigen Kulturangebots ein geradezu unerschöpfliches Reiseziel. Um die Stadt in Ruhe zu erkunden, sollte man zwei Wochen einplanen. Wer auch noch andere Gegenden Japans bereisen möchte, sollte für Tokyo zumindest vier bis fünf Tage veranschlagen.

4 Reisegepäck

Da das Wetter launisch sein kann, sollte man für alle Fälle gerüstet sein. Natürlich gibt es Fehlendes vor Ort zu kaufen. Als Dresscode in Japan gilt: leger, aber gepflegt. Ratsam sind Schuhe, die man leicht an- und ausziehen kann. Sonnencreme ist im Sommer, eine wasserdichte Jacke in der Regenzeit *tsuyu* (Juni und Juli) unverzichtbar.

5 Visum

Für Urlaube in Japan benötigen EU-Bürger und Schweizer kein Visum, nur einen gültigen Reisepass. Kinder brauchen eigene Pässe. Bei der Einreise wird eine Aufenthaltserlaubnis für 90 Tage erteilt, die vor Ablauf bei der zuständigen Einwanderungsbehörde um 90 Tage verlängert werden kann. Zum Arbeiten und Studieren ist ein Visum nötig. Das japanische Außenministerium informiert unter www.mofa.go.jp. In Japan besteht Passzwang: Man muss sich jederzeit ausweisen können.

6 Sprache

Mit Englisch kommt man in Tokyo gut voran: Viele Beschilderungen sind zweisprachig, vor allem in der U-Bahn. Mit Polizisten, Taxifahrern, Verkäufern und vielen anderen Personen kann man auf Englisch kommunizieren.

7 Mit Kindern reisen

Tokyo bietet unzählige kleine Parks und kindgerechte Aktivitäten. Kaufhäuser haben für gewöhnlich Erholungsbereiche, manche sogar einen Dachspielplatz. In den Lokalen sind Kinder in der Regel willkommen, große Hotels bieten sogar Einrichtungen zur Kinderbetreuung an.

8 Zeitzone

Tokyo ist der Mitteleuropäischen Zeit (MEZ) acht Stunden voraus, im Sommer sind es nur sieben.

9 Elektrizität

In Japan werden zweipolige Stecker verwendet. Die Stromspannung beträgt überall 100 Volt. In Tokyo und dem östlichen Japan nutzt man Wechselstrom mit einer Frequenz von 50 Hertz. Adapter gibt es in Elektroläden am Flughafen und in der Stadt.

10 Klima

Die frischen und klaren Wintertage sind oft sehr angenehm. Gelegentlich fallen die Temperaturen unter null Grad, Schnee ist jedoch selten. Der Frühling ist in der Regel mild, Ende April regnet es hie und da. Die Regenzeit *tsuyu* (wörtlich »Pflaumenregen«) dauert von Juni bis Mitte Juli. Wer die hohe Luftfeuchtigkeit nicht gewohnt ist, kann die Sommermonate, in denen das Thermometer auf 39 °C klettern kann, als beschwerlich empfinden. Im September ziehen bisweilen Taifune über die Stadt. Im Herbst fallen die Temperaturen, der Himmel ist klar und das Laub leuchtet.

Vorhergehende Doppelseite **Nachtleben in Kabukicho, Shinjuku**

Links **Ausflugsboot, Sumida** Mitte **Kunden bei Japan Railways** Rechts **Fahrradtaxi**

TOP 10 Anreise & in Tokyo unterwegs

1 Einreise & Zoll

Bei der Einreise ist der Reisepass vorzulegen. Von Ausländern ab dem Alter von 16 Jahren werden biometrische Daten erfasst. Personen ab 20 Jahren dürfen 100 Zigarren bzw. 400 Zigaretten oder 500 Gramm Tabak, 3 Flaschen à 0,76 Liter alkoholische Getränke und 2 Unzen Parfüm zollfrei einführen. Die Bargeldeinfuhr ist nicht beschränkt.

2 Einrichtungen am Flughafen

Der Narita International Airport ist hervorragend ausgestattet. Das Personal an den Informationsschaltern spricht Englisch. Es gibt Lokale, Läden, Verkaufsautomaten, Wechselbüros, Geldautomaten, eine Klinik und Einrichtungen für Kinder wie Spielplätze und Wickeltische. *www.narita-airport.jp*

3 Flughafenverbindungen

Die Flughäfen sind gut auf Weiterreisende eingestellt. Sowohl Narita als auch Haneda sind an ein erstklassiges Bahn- und Bussystem angebunden. Am Narita International Airport sollten man mindestens zwei Stunden vor Abflug erscheinen, für Inlandsflüge vom Haneda Airport genügt eine Stunde.

4 JR-Linien

Japans effizientes Bahnnetz wird von Japan Railways (JR) dominiert. In Tokyo gibt es vier JR-Linien. Die Yamanote-Linie (grün) führt ums Zentrum herum und zu allen großen Bahnhöfen, von denen Züge des nationalen Netzes abgehen. Die Chuo-Linie (orange) verbindet Shinjuku, die westlichen Vorstädte und die Bahnhöfe Tokyos. Die Sobu-Linie (gelb) fährt in die östlichen Vorstädte, die Keiyo-Linie (rot) zum Flughafen Narita. *www.jreast.co.jp*

5 Fahrkarten

Die aufladbaren Suica- und PASMO-Karten gelten in allen öffentlichen Verkehrsmitteln Tokyos. Sie sind an den meisten Stationen an Automaten erhältlich. Der Japan Rail Pass, der für das JR-Netz außerhalb Tokyos gilt, ist vor Antritt der Reise nach Japan zu erwerben.

6 U-Bahnen

Die 13 U-Bahnlinien werden zum Großteil von Tokyo Metro betrieben, die vier Toei-Linien (Shinjuku, Mita, Oedo und Asakusa) sind städtisch. Die Linien sind farblich gekennzeichnet, doch die immense Zahl an Bahnhöfen und Umsteigemöglichkeiten kann Besucher einschüchtern. Die Tourismusbüros bieten Fahrpläne in englischer Sprache. Gelbe Schilder vor den Ticketschaltern zeigen Richtung und Ziel an. *www.tokyometro.jp*

7 Busse

In Tokyo operieren verschiedene lokale Busunternehmen, u. a. Toei, Keio und Tokyu. Nur wenige Linien sind englisch beschildert. Im Zentrum verkehren die Busse auf Festpreisbasis (rund 200 Yen), man zahlt beim Einsteigen. Es gibt auch Prepaidkarten, die in allen Bussen der Region gelten. Man erhält Sie an den Busbahnhöfen und beim Fahrer.

8 Taxis

Taxifahren ist in Tokyo teuer, der Grundpreis beträgt 710 Yen, zwischen 11 und 17 Uhr sowie am Wochenende noch mehr. Eine Fahrt vom Flughafen Narita ins Zentrum leicht auf 20 000 Yen. Taxis stehen an allen Bahnhöfen, bei Kaufhäusern und vor großen Hotels.

9 Boote

Tokyo hat ein weites Fluss- und Kanalsystem. Der Wasserbus *(suijo)* auf dem Sumida *(siehe S. 54)* fährt von der Azumabashi in Asakusa zum Hamarikyu-Garten und weiter nach Odaiba. Alle Boote legen am Hinode-Pier ab.

10 Radfahren

Einige wenige gekennzeichnete Radwege führen durch Seitenstraßen. An der U-Bahn-Station Nijubashimae kann man sonntags kostenlos Fahrräder leihen, um die Wassergräben der kaiserlichen Palastanlage abzufahren. Am Meiji-Schrein gibt es einen solchen Service für die äußeren Gärten. Räder sind sorgfältig abzusperren.

Ein eigener Limousinenbus verkehrt zwischen Narita Airport und Haneda Airport. Er bedient Hotels und wichtige Bahnhöfe.

Links **Englische Zeitschriften** Mitte **Englischer Buchladen** Rechts **Englische Zeitungen**

TOP 10 Information

1 Tokyo TIC

Das mehrsprachige Personal der Tourist Information Center gibt Stadt- und Fahrpläne sowie Broschüren über japanische Bräuche u. Ä. aus. Die angeschlossenen Welcome Inn Reservation Center vermitteln Zimmer. *Karte M3 • Marunouchi Trust Tower North, 1 Stock, 1-8-1 Marunouchi, Chiyoda-ku • 5220-7055 • tägl. 10–19 Uhr • www.tictokyo.jp*

2 Japan Travel Phone

Der englischsprachige Telefondienst hilft bei der Planung von Ausflügen außerhalb Tokyos. *3201-3331 • tägl. 9–17 Uhr*

3 Websites

Die Japanische Fremdenverkehrszentrale betreibt mit www.jnto.de eine deutsche Website mit nützlichen Informationen. Auch Tokyos offizielles Besucherportal bietet deutsche Seiten unter www.tourism.metro.tokyo.jp. Aktuelle Reiseinformationen sind auch unter www.japan-guide.com zu finden. Viele Sehenswürdigkeiten haben eigene, meist auch englische Websites.

4 Zeitungen

Die *Japan Times* hat einen hervorragenden Nachrichten- und Kulturteil, ebenso die *Daily Yomiuri*. Die *International Herald Tribune – Asahi Shimbun* widmet sich Nachrichten aus Japan und dem Ausland.

5 Magazine

Das kostenlose, wöchentlich erscheinende Magazin *Metropolis* widmet sich Kunst und Kultur in der Stadt. Es präsentiert Veranstaltungshinweise und Berichte. *Tokyo Weekender* (www.tokyoweekender.com) bietet gute Veranstaltungstipps und Artikel über Japan.

6 Englischsprachige TV- & Radiosender

Die nationale Rundfunkanstalt Nippon Hoso Kyokai (NHK) betreibt zwei Satelliten- und zwei terrestrische TV-Kanäle. Um 19 und um 21 Uhr werden die Nachrichten zweisprachig gesendet. Es gibt auch einige zweisprachige Filme, Dokumentationen und Serien. Die meisten großen Hotels bieten ausländische TV-Sender wie BBC und CNN. Im Radio sendet NHK klassische Musik und Nachrichten. Einige Privatsender, darunter InterFM und J-WAVE, haben auch englischsprachige Sendungen im Programm.

7 Kartenvorverkauf

Bei der Reservierung von Eintrittskarten für Veranstaltungen erhalten Besucher in der Regel Hilfe durch das Hotelpersonal. Häufig bekommt man Karten aber auch – oft noch für denselben Abend – an den Schaltern der Ticketagenturen in Kaufhäusern, Supermärkten und Bahnhöfen. *CN Playguide: 0570-08-9999* *Ticket PIA: 0570-02-9999*

8 Bibliotheken

Die Zentralbüchereien aller 23 Bezirke von Tokyo führen englische Bücher. Für 500 Yen am Tag kann man die Bibliothek und Informationseinrichtungen des British Council nutzen. Die Bibliothek der Japan Foundation besitzt etwa 30 000 Bücher über Japan, die National Diet Library über zwei Millionen fremdsprachige Bücher.

9 Bücher über Tokyo

Donald Richies *Tokyo: A View of the City* ist ein persönlicher Bericht eines Tokyoters. In *Tokyo: City of Stories* erkundet Paul Waley die Geschichte der einzelnen Bezirke. Edward Seidenstickers *Low City, High City* und *Tokyo Rising* zeichnen Tokyos Entwicklung seit der Meiji-Restauration nach. *Tokyo: A Cultural History* von Stephen Mansfield liefert eine detaillierte Darstellung.

10 Karten & Stadtführer

Periplus und Nelles Maps bieten laminierte Stadtpläne, detaillierter ist der zweisprachige *Tokyo City Atlas*. Die Japan National Tourist Organization gibt kostenlos die *Tourist Map of Tokyo* aus. *Tokyo: A Cultural Guide to Japan's Capital City* von John und Phyllis Martin zeigt historische Straßenkarten. Tae Moriyamas *Tokyo Adventures: Glimpses of the City in Bygone Days* ist ein persönlicher Stadtführer in ein älteres Tokyo.

Englischsprachige Zeitungen gibt es in den großen englischen Buchhandlungen und an Kiosken in Bahnhofs- und U-Bahn-Nähe.

Links **In einem typischen japanischen Restaurant** Rechts **Tempel Senso-ji**

TOP 10 Etikette

1 Im Bad

Ein *sento* (öffentliches Bad) oder *onsen* (heiße Quellen) betritt man ohne Schuhe. Bevor man in die gemeinschaftlich genutzten Becken steigt, muss man sich erst gründlich waschen. Dazu dienen niedrige Duschen und Wasserhähne, vor denen Sitzschemel stehen. Falls die Wanne einen Stöpsel hat, ziehen Sie ihn nicht – die nächsten Gäste benutzen dasselbe Wasser.

2 Visitenkarten

Visitenkarten *(meishi)* werden mit beiden Händen überreicht, dabei verneigt man sich. Legen Sie erhaltene Karten immer vor sich auf den Tisch – Sie sollten sie nie einstecken, falten oder beschreiben.

3 Trinkgeld

Trinkgeld ist in Japan nahezu unbekannt und kann sogar beleidigend wirken. Eine Ausnahme sind die ländlichen Gasthöfe *ryokan*: Dort erhält das Mädchen, das Ihnen das Zimmer zeigt, die Betten erklärt und das Teeservice bringt, ein Trinkgeld.

4 Schuhe ausziehen

Im Eingangsbereich von Wohnungen, manchen Restaurants, traditionellen Unterkünften und dem inneren Bereich mancher Tempel muss man die Schuhe ablegen. Tragen Sie deshalb Schuhe, die sich leicht an- und ausziehen lassen. Bei Holz- oder Fliesenböden stehen dann oft Pantoffeln bereit, man trägt diese aber nicht in mit *Tatami*-Matten ausgelegten Räumen. Auch die Umkleidekabinen in Läden betritt man ohne Schuhe.

5 Handys

Die Etikette gebietet es, in Tempeln, Gärten und Restaurants das Handy auszuschalten, auch wenn sich nicht allzu viele daran halten. In den U-Bahnen fordern Schilder die Passagiere auf, ihre Handys lautlos zu stellen. In Schnellzügen wird üblicherweise nur im Bereich zwischen den Waggons telefoniert.

6 Tischsitten

Lassen Sie Ihre Essstäbchen nie senkrecht im Reis stecken! Beim Essen ist es üblich, die Reisschüssel vor den Mund zu halten, und auch das Schlürfen von Nudeln gehört durchaus zum guten Ton. Suppe wird aus der Schale getrunken, die Nudelsauce mit einem großen Löffel gegessen. Gießt Ihnen jemand ein, halten Sie das Glas mit beiden Händen. Schenken Sie sich in Gesellschaft nie selbst ein.

7 Kritik

Die Wahrung des Gesichts ist in vielen Ländern Asiens ein heikles Thema. In seltenen Fällen führt die Scham über öffentliche Kritik in Japan noch immer zu Selbstmorden. Vermeiden Sie daher in der Öffentlichkeit scharfe Beschwerden, die dem Betreffenden peinlich sein könnten.

8 Geschenke

Zu privaten Einladungen bringt man Blumen, eine Schachtel Pralinen oder ein Souvenir von zu Hause mit. Geschenke werden mit beiden Händen überreicht und auch so empfangen. Es ist jedoch üblich, ein Geschenk erst einmal höflich zurückzuweisen, bevor man es entgegennimmt. In der Regel werden Präsente nicht vor dem Schenkenden geöffnet.

9 Sakrale Stätten

Japaner benehmen sich in den Tempeln und Schreinen überraschend zwanglos. Besucher eines Shinto-Schreins reinigen sich vor dem Beten an Wasserbecken, indem sie die Hände waschen und den Mund spülen. Das benutzte Wasser kommt auf den Boden und nicht in das Becken zurück. In den Außenbereichen ist Fotografieren meist erlaubt, doch seien Sie diskret, wenn Sie Betende fotografieren. Rauchen Sie nicht.

10 Persönliche Fragen

Japaner wissen generell gern etwas über Besucher. Fragen nach Geburtsort, Alter, Familienstand und Beruf sind üblich und sollten Sie nicht befremden. Im Gegenzug ist es auch hier nicht gerade höflich, Frauen nach ihrem Alter zu fragen – und mit der dreisten Frage nach ihrem Gewicht katapultieren Sie sich völlig ins Abseits.

Das Weiterreichen von Stäbchen zu Stäbchen gehört in Japan zum buddhistischen Begräbnisritual und hat bei Tisch nichts verloren.

Links **Schulkinder bei einer Erdbebenübung** Mitte **Apotheke** Rechts **Polizeirevier**

Top 10 Sicherheit & Gesundheit

1 Erdbeben

Am Jahrestag des großen Bebens, das Tokyo am 1. September 1923 verwüstete, finden allerorts Übungen statt. Der allgemeine Rat lautet, sämtliche Türen zu öffnen, Gasgeräte abzustellen und unter einen stabilen Tisch zu kriechen.

2 Kriminalität

Auch wenn Diebstähle zunehmen, gehört Tokyo zu den sichersten Städten der Welt. Dennoch sollte man in belebten Gegenden wie Kabukicho und Roppongi vorsichtig sein. Das Personal in Hotels ist meist sehr zuverlässig.

3 Versicherung

Eine Auslandskrankenversicherung ist empfehlenswert, da Sie sonst die hohen Kosten für Behandlungen und Medikamente selbst tragen müssen.

4 Apotheken

Tokyo verfügt über eine große Anzahl guter Apotheken, doch das Personal spricht meist nur Japanisch. Eine Ausnahme ist die American Pharmacy im Marunouchi Building.

5 Alleinreisende Frauen

Angriffe auf weibliche Besucher sind selten. In Zügen kam es aber so oft zu sexuellen Belästigungen, dass einige U-Bahnen in der Stoßzeit eigene Frauenabteile einführten. Es gibt auch reine Frauenhotels. Betrunkene Geschäftsmänner sind vielleicht lästig, aber selten gefährlich und werden am besten schlicht ignoriert.

6 Behinderte Reisende

Behinderte Reisende haben es in Tokyo oft schwer, auch wenn neuere Gebäude mit Rampen versehen sind. In Zügen gibt es spezielle Behindertensitze. Akustische Signale an Ampeln und erhabene Linien am Boden helfen Sehbehinderten. Fahrkartenautomaten haben Hinweise in Brailleschrift.

7 Krankenhäuser

Die wenigsten Krankenhäuser haben englischsprachiges Personal. Es gibt jedoch das Japan Red Cross Medical Center, die Tokyo British Clinic und das St Luke's International Hospital, wo Ihnen auf Englisch gehofen wird.

8 Zahnärzte

Zahnschmerzen bedürfen weniger Erklärungen als andere Leiden, daher sind Englischkenntnisse bei den Ärzten eher verzichtbar. Hotels empfehlen Ärzte und geben Ihnen eine japanische Beschreibung Ihres Problems mit. Im Tokyo Clinic Dental Office spricht man Englisch.

9 Lebensmittel & Trinkwasser

Auch wenn es in Tokyo schon Lebensmittelskandale gab – die Frische von Speisen und Wasser ist meist tadellos, die Qualitätskontrollen sind streng. Das Leitungswasser kann man bedenkenlos trinken.

10 Telefonhilfe

Die Tokyo English Life Line bietet mehrsprachig Rat und Hilfe. Die Japan Help Line ist ein ehrenamtlicher 24-Stunden-Service.

Auf einen Blick

Apotheken

- *American Pharmacy: 2-4-1 Marunouchi, Chiyoda-ku; 5220-7716*

Krankenhäuser

- *Japan Red Cross Medical Center: 4-1-22 Hiroo, Shibuya-ku; 3400-1311*
- *Tokyo British Clinic: 2-13-7 Ebisu-Nishi, Shibuya-ku; 5458-6099*
- *St Luke's International Hospital: 9-1 Akashi-cho, Chuo-ku; 3541-5151*

Zahnärzte

- *Tokyo Clinic Dental Office: 3-4-30 Shiba-koen Minato-ku; 3431-4225*

Telefonhilfe

- *Tokyo English Life Line (TELL): 5774-0992*
- *Japan Help Line: 0570 000 911*

Botschaften

- *Deutschland: 4-5-10 Minami-Azabu, Minato-ku; 5791-7700; www.japan.diplo.de*
- *Österreich: 1-1-20 Moto-Azabu, Minato-ku; 3451-8281; www.bmeia.gv.at/botschaft/tokio*
- *Schweiz: 5-9-12 Minami-Azabu, Minato-ku; 5449-8400; www.eda.admin.ch*

Von Aufenthalten in der Roten Zone um das Kernkraftwerk Fukushima I auf der Insel Honshu ist dringend abzuraten.

Links **Wechselstube** Mitte **Tokyo Big Sight** Rechts **Schlange vor einem Geldautomaten**

TOP 10 Geld & Kommunikation

1 Währung
Die japanische Währung ist der Yen. 100 Yen entsprechen derzeit (Juli 2014) rund 0,70 €. Banknoten gibt es im Wert von 1000, 2000 (selten), 5000 und 10 000 Yen, Münzen im Wert von 5, 10, 50, 100 und 500 Yen.

2 Banken
Die Bank of Japan (Nippon Ginko), Zentralbank des Landes, ist nicht auf Reisende eingestellt. Urlauber sollten eine der großen internationalen Banken wie Sumitomo Mitsui, Citibank oder Mizuho Bank aufsuchen. Die meisten Banken haben werktags von 9 bis 15 Uhr geöffnet.

3 Geld wechseln
Banken mit der Kennzeichnung »authorized money changer« wechseln Devisen und lösen Reiseschecks ein, das machen aber auch die großen Hotels und sogar einige Kaufhäuser. In den Urlauberregionen findet man auch spezielle Wechselstuben.

4 Geldautomaten
Wenige Geldautomaten akzeptieren ausländische Karten – etwa die der Citibank in Shinjuku und Roppongi. An den Automaten der größeren Postämter kann man oft Geld abheben. Maestro-Karten können aktuell in Japan nicht zur Abhebung von Bargeld an Automaten verwendet werden. Erkundigen Sie sich vor Antritt der Reise bei ihrer Bank.

5 Kreditkarten
Japan ist ein Bargeldland, doch große Hotels und Kaufhäuser akzeptieren durchaus auch Kreditkarten. American Express, Diners Club, MasterCard und Visa sind am weitesten verbreitet.

6 Telefon & Handy
Öffentliche Telefone findet man noch auf Bahnhöfen und in Supermärkten. Einige Apparate funktionieren mit Kreditkarte. Kioske verkaufen Telefonkarten großer Betreiber wie NTT oder KDDI. Von allen großen Hotels kann man ins Ausland telefonieren. Einige Mobilfunkanbieter haben Roamingverträge mit DoCoMo oder Softbank Telekom. An den Flughäfen Narita und Haneda kann man Handys mieten.

7 Postämter
Das rote Zeichen der Postämter *(yubin-kyoku)* gleicht einem »T«, rot sind auch die Briefkästen. Postämter sind meist werktags von 9 bis 17 Uhr geöffnet, einige auch samstags bis 12.30 Uhr. Expresspostdienste wie EMS sind zuverlässig. Eilsendungen schickt man am International Post Office oder an der Tokyo Central Post ab, die auch Nachtschalter haben.

8 Internetcafés
Yahoo! Japan betreibt an den Flughäfen Narita und Haneda Cafés. Viele Manga Kissa *(siehe S. 45)* bieten günstige Tarife, zuverlässiger ist der Service der Kette Kinko's, die in ganz Tokyo Filialen hat. Da es hier geschickte Hacker gibt, verzichten Sie besser auf Online-Banking und die Nutzung Ihrer Kreditkarte.

9 TV & Radio
Der staatliche Rundfunk NHK sendet auf fünf Kanälen. Tokyo besitzt fünf weitere Lokalsender. Der Satellitensender SkyPerfect! TV bietet eine große Auswahl. Im Radio senden InterFM und FEN Musik und Nachrichten.

10 Business-Einrichtungen
Die großen Hotels bieten für Geschäftsveranstaltungen Räume an, auch Scanner und Internetanschluss sind meist vorhanden. Das Personal der Business-Servicekette Kinko's spricht Englisch. Handelsmessen und geschäftliche Tagungen finden oft im Messegelände Tokyo Big Sight oder dem Tokyo International Forum statt.

Kreditkartenverlust

- *Allgemeiner Notruf: 00149 116 116; www.116116.eu*
- *American Express: 3322-06-100*
- *Diners Club 0120-074-024*
- *MasterCard 00531-11-3886*
- *Visa 00531-11-1555*
- *Maestro-/EC-Karte: 00149 69 740 987*

Einige Wechselstuben am Narita Airport verfügen über englischsprachiges Personal und sind täglich von 7 bis 22 Uhr geöffnet.

Links **Preiswertes Love Hotel** Mitte **Nezu-Schrein** Rechts **Liveband im Yoyogi-Park**

TOP 10 Tokyo für wenig Geld

1 Unterkunft

Nahe Bahnhöfen und U-Bahn-Stationen sind günstige Hotelzimmer zu finden (8000–10 000 Yen). Organisationen wie Japan Minshuku Center oder Japanese Inn Group geben Verzeichnisse mit preiswerten Unterkünften aus. *Japan Minshuku Center: 3683 3396* *Japanese Inn Group: www.japaneseinn-group.com*

2 Öffentliche Verkehrsmittel

Tokyos öffentliches Verkehrssystem bietet einige preiswerte Möglichkeiten. Mit Suica- oder PASMO-Karte *(siehe S. 117)* kann man jeden Zug und jede U-Bahn nutzen. Wer viel in Tokyo unterwegs sein will, fährt so am günstigsten.

3 Preiswert essen

Wegen der harten Konkurrenz bieten unzählige Lokale in Tokyo günstige Speisen an. Vor allem Mittagsmenüs können echte Schnäppchen sein – Ketten wie Yoshinoya bieten Mittags- und Abendmenüs für rund 450 Yen. Auch unabhängige preiswerte Restaurants und Bars sind leicht zu finden. In Lebensmittelläden, Kaufhäusern und an Bahnhöfen gibt es oft leckere *Bento*-Lunch-Boxen.

4 Parks & Gärten

Tokyo hat insgesamt über 25 000 Grünflächen – von großen Parks bis zu winzigen Gärten. Auch in Anlagen, die keinen Eintritt verlangen, z. B. Ueno-Park *(siehe S. 16f)* und Hibiya-Park *(siehe S. 74)*, trifft man auf reizvolle japanische Gärten und Tempel. Im Östlichen Garten des Kaiserpalasts *(siehe S. 67)* stehen historische Ruinen.

5 Preiswerte Vergnügungen

Man kann in Tokyo unterhaltsame Tage verbringen, an denen man nur Geld für die U-Bahn und für etwas zu essen ausgibt. Sie können z. B. durch die kaiserliche Palastanlage *(siehe S. 8f)* spazieren oder für ein paar Stunden die Szenerie in einem Modeviertel wie Harajuku oder auf einem großen Straßenmarkt wie Ameyoko *(siehe S. 50)* beobachten.

6 Nachtleben

Genießen Sie beim abendlichen Bummel das fantastische Lichterspiel Tokyos: die bunten Neonlichter der Gebäude in Ikebukuro *(siehe S. 112)*, Shibuya und der Ginza sowie die vielen eindrucksvoll beleuchteten Brücken über den Sumida *(siehe S. 12f)*. Bevor das Nachtleben in Schwung kommt, lockt in einigen Bars in Roppongi und Shinjuku die Happy Hour.

7 Sehenswürdigkeiten

Den schönsten Gratis-Rundblick über die Stadt hat man vom 45. Stock des Tokyo Metropolitan Government Building *(siehe S. 104)*. Historische Gebäude wie die Bank of Japan *(siehe S. 48)* und moderne Meisterwerke wie das Tokyo International Forum *(siehe S. 74)* kann man kostenlos besichtigen. Das gilt auch für einige hervorragende Museen, etwa das Advertising Museum Tokyo *(siehe S. 74f)*, das Metropolitan Museum of Photography *(siehe S. 35)* und viele Galerien in der Ginza.

8 Tempel & Schreine

Religiöse Stätten verlangen nur selten Eintritt. In Tokyo gibt es buchstäblich Tausende Tempel und Schreine. Besonders gut besucht und auch architektonisch interessant sind der Tempel Senso-ji *(siehe S. 10f)* und der bedeutende Meiji-Schrein *(siehe S. 24f)*.

9 Veranstaltungen

Tokyos kultureller Veranstaltungskalender umfasst Festivals, religiöse Feste und Riten, Ausstellungen und Vorführungen vom Bogenschießen zu Pferde *(siehe S. 56f)* bis zu Teezeremonien und Cosplay-Veranstaltungen *(siehe S. 45)*, die man kostenlos erleben kann. Das (ebenfalls kostenlose) Wochenmagazin *Metropolis* kündigt alle Events an.

10 Preisnachlässe

Senioren und Studenten erhalten bei vielen Sehenswürdigkeiten und Veranstaltungen ermäßigten oder sogar freien Eintritt. Sie müssen sich meist entsprechend ausweisen.

Preiswerte Hotels **siehe S. 128**

Links **Verkehrsstau** Rechts **Warteschlange in einem Bahnhof zur Hauptverkehrszeit**

TOP 10 Vorsicht!

1 Menschenmengen

In einigen Vierteln wird man von Menschenmassen schier erdrückt. Besonders eng wird es auf den Gehwegen von Shibuya und Shinjuku und rund um die Fahrkartenschalter der großen Bahnhöfe. Auch in Fußgängerzonen wie der Takeshita-dori in Harajuku drängen sich Menschen. Am besten ist es, beliebte Einkaufsgegenden am Wochenende zu meiden. Vor allem an Kreuzungen, wo Fußgänger auf das grüne Licht der Ampel warten, kann es zu einem extremen Gedränge kommen.

2 Raucher

Etwa 40 Prozent der Japaner rauchen. Tabak ist preiswert, Zigarettenautomaten sind überall zu finden. Rauchen auf der Straße ist fast überall in der Stadt verboten, überwiegend wird in mit Aschenbechern ausgestatteten, ausgewiesenen Bereichen geraucht. In vielen kleinen Bars und Restaurants ist das Rauchen noch erlaubt, Cafés bieten oft im Freien einen Bereich für Raucher an.

3 Arztkosten

Behandlungen und Medikamente in öffentlichen Kliniken sind teuer. Die Kliniken arbeiten gewinnorientiert – manche Ärzte sind mit ihren Verschreibungen daher großzügig. Der Abschluss einer Reisekrankenversicherung ist deshalb zu empfehlen *(siehe S. 120)*.

4 Rotlichtbezirke

Die Geschäfte in den Rotlichtbezirken sind weitgehend in der Hand organisierter Banden. Man ist dort als Besucher – auch nachts – relativ sicher, dennoch ist es für Frauen nicht ratsam, ohne Begleitung durch die Nebenstraßen zu laufen.

5 Feiertage

Beliebte Sehenswürdigkeiten können an nationalen Feiertagen sehr überfüllt sein, vor allem bei schönem Wetter. Lässt sich Ihr Besuch nicht verschieben, sollten Sie wenigstens schon vor 10 Uhr dort sein, um dem größten Ansturm auszuweichen.

6 Autofahren in Tokyo

Tokyos Straßen sind eng und voll, Autofahren kann hier nervenzehrend sein. Stop-and-go-Verkehr ist die Regel, hinzu kommt die gewaltige Ausdehnung der Stadt: Hat man erst einmal eine Abzweigung verpasst, kann man sich hoffnungslos verfahren. Der Linksverkehr tut sein Übriges. Allerdings ist die Beschilderung gut und leicht verständlich, auch wenn es nur wenige englische Hinweise gibt. Das Fahrverhalten der Japaner ist recht vernünftig.

7 Essen & Trinken im Zug

Auch wenn man gelegentlich stressgeplagte Passagiere an einem Snack knabbern sieht, wird das Essen und Trinken in U-Bahnen generell missbilligt. Für längere Zugfahrten außerhalb der Stadt sind Essenspakete *(ekiben)* beliebt. Dort sind auch Getränke, selbst Bier, kein Problem.

8 Irrwege in der U-Bahn

Die englische Beschilderung in den U-Bahnen ist meist recht gut, doch die Menschenmassen und die fremde Umgebung können Besucher verwirren. Hinzu kommen lange Tunnelgänge und die Flut an Ausgängen. Pläne der Bahnhöfe mit allen Ausgängen sind hier hilfreich. Einige Angestellte wurden ausgebildet, Auskunft auf Englisch zu erteilen.

9 Stoßzeiten

In der U-Bahn ist etwa von 7 bis 9 Uhr und von 17 bis 19.30 Uhr Rushhour. Einige Linien, etwa Ginza und Tozei, sind immer voll. Drängen Sie sich schon vor dem Erreichen Ihrer Zielstation in die Nähe der Tür. Meiden Sie möglichst den letzten Zug des Tages, da er immer überfüllt ist.

10 Betrunkene im Zug

Über Betrunkene im Zug scheint sich niemand aufzuregen, auch wenn alkoholisierte Passagiere nachts in U-Bahnen und Vorortzügen laut und zudringlich werden, unvermittelt umfallen oder sich übergeben. Wechseln Sie in solchen Fallen am besten das Abteil.

Wenn der angegebene Ruhetag einer Sehenswürdigkeit auf einen Feiertag fällt, ist meist geöffnet und am Tag darauf geschlossen.

Links **Angebot an Fächern** Mitte **Kaufhaus Mitsukoshi** Rechts **Die Modemeile Takeshita-dori**

TOP 10 Shopping-Tipps

1 Warenangebot

In Tokyo finden leidenschaftliche Shopper überall Gelegenheiten, Geld auszugeben – vor allem für Mode und Lebensmittel. Kunsthandwerksläden verkaufen Keramik, Textilien, Lack- und Papierwaren. In Galerien und Fachgeschäften bekommt man traditionelle und moderne Kunst.

2 Öffnungszeiten

Läden und Kaufhäuser sind für gewöhnlich von 10 bis 20 Uhr geöffnet, einige auch bis 22 Uhr. Kaufhäuser haben täglich geöffnet, kleinere Läden können montags oder mittwochs geschlossen sein, haben aber an Sonn- und Feiertagen meist geöffnet. Lediglich an Neujahr sind viele Läden geschlossen. Weihnachten ist in Japan kein Feiertag.

3 Kreditkarten

In Japan sind Kreditkarten nicht allgemein verbreitet. Man sollte generell auch stets Bargeld bei sich haben. Kaufhäuser, Bekleidungsketten und viele Souvenirläden akzeptieren Kartenzahlung *(siehe S. 121)*.

4 Mehrwertsteuerrückerstattung

Die meisten Kaufhäuser und Elektroläden in Einkaufsmeilen wie Akihabara *(siehe S. 45)* bieten bei Käufen über 10 000 Yen eine Befreiung von der Mehrwertsteuer. Dazu gehen Sie mit den Waren, der Quittung und Ihrem Pass zum Tax-Refund-Schalter.

5 Modeviertel

Es gibt eigentlich keine Richtlinien für Shopping in Tokyo, doch die Modeviertel der Stadt sprechen für gewöhnlich bestimmte Generationen an. In die Ginza und nach Aoyama zieht es vor allem Gutbetuchte mittleren Alters, auch wenn sich einige Läden an Jüngere wenden. Harajuku ist das Ziel der Teens, Shibuya das junger Twens und Shimokitazawa das der Studenten. Naka-Meguro und Daikanyama locken Kunden um die dreißig an.

6 Elektronische Spielereien

Die »Electric Town« Akihabara ist die größte Elektronikmeile der Welt. Hier gibt es einfach alles von der Stereoanlage bis zu Roboterhaustieren und Spielzeug – und alles zu günstigen Preisen. Auch rund um die anderen großen Bahnhöfe an der Yamanote-Linie finden sich viele große Geschäfte.

7 Kaufhäuser

Tokyos Kaufhäuser sind wahre Einkaufsparadiese. Im ersten Stock gibt es meist Damenmode und Accessoires, im zweiten Männerbekleidung. Die Lebensmittelabteilungen im Untergeschoss sind für ihre Delikatessen bekannt. Kaufhäuser sind aber auch beliebte Treffpunkte: Hier trinkt man Kaffee, isst zu Mittag, entspannt im Dachbiergarten oder besucht Ausstellungen und Kulturprogramme.

8 Buchhandlungen

Es gibt in Tokyo einige Buchläden, die eine exzellente Auswahl englischer Titel bieten. Die größten sind Maruzen in Nihonbashi, Oazu in Marunouchi, die beiden Kinokuniya-Läden in Shinjuku *(siehe S. 105)* und das Yaesu Book Center am Bahnhof Tokyo. Der Buchladen von Tower Records *(siehe S. 51)* gehört zu den besten. Good Day Books bieten gute gebrauchte Bücher.

Good Day Books: Karte C2; Tōkai Building, 3. Stock, 2-4-2 Nishi-Gotanda, Shinagawa-ku

9 Musik

Musikfans haben es in Tokyo leicht – es gibt zahllose CD-Läden. Tower Records in Shibuya erstreckt sich über sechs Stockwerke, gewaltig ist auch HMV nebenan. Was Sie dort nicht finden, entdecken Sie vielleicht in den Läden mit gebrauchten CDs und Schallplatten in Shibuya und Shinjuku, etwa bei Recofan oder Disk Union.

10 Souvenirs & Kunsthandwerk

Im Oriental Bazaar *(siehe S. 53)* findet wohl jeder das passende Souvenir. Das Japan Traditional Craft Center *(siehe S. 53)* bietet Objekte von Kunsthandwerkern aus ganz Japan an, Hara Shobo *(siehe S. 52)* ist auf Holzdrucke spezialisiert, Isetatsu *(siehe S. 86)* auf Papier und Fuji Torii *(siehe S. 52)* auf Antiquitäten.

In Tokyos depatos *(Kaufhäuser) bekommt man auch Karten für Konzerte und Ausstellungen.*

Links **Vegetarisches aus Plastik** Mitte **Bestellen & Bezahlen** Rechts **Lebensmittel im Laden**

Top 10 Restaurant- & Hotel-Tipps

1 Bestellen & Bezahlen

Der Kellner kommt auch in Japan unaufgefordert, um die Bestellung aufzunehmen. In vielen Restaurants sind die Speisekarten bebildert, zudem findet man die Gerichte als Plastikkopie im Fenster ausgestellt. Die Rechnung, die der Kellner an den Tisch bringt, wird an der Kasse bezahlt. Sie können das Geld auf ein Tellerchen legen, auf dem Sie dann das Wechselgeld mit der Quittung zurückerhalten.

2 Service & Trinkgeld

Der Service in Tokyos Restaurants, Hotels und Gasthöfen ist exzellent, doch in Japan ist Trinkgeld – außer in teuren westlichen Restaurants – nicht üblich. Nur in den exklusiven *ryokan*, den traditionellen japanischen Gasthöfen, erhält das Zimmermädchen, das einem das Zimmer zeigt, in der Regel 1000 Yen *(siehe S. 119)*.

3 Vegetarische Küche

Vegetarier haben es in Tokyo nicht leicht, doch das Angebot wird besser. In Aoyama gibt es einige vegetarische Restaurants, etwa das Mominoki House mit Vollwertkost.

4 Fremdländische Küche

In fast jedem Tokyoter Viertel findet man Thai-Restaurants oder indische Lokale. Besonders gut kann man sich in Shin-Okubo *(siehe S. 104)* durch die Küchen verschiedener Völker probieren. Dort gibt es burmesische, indonesische, koreanische, malaysische und nepalesische Lokale.

5 Food Courts

Die Lebensmittelabteilungen in den Kaufhäusern bieten eine riesige Auswahl an Kuchen, japanischen Süßigkeiten, Weinen und geräucherten oder getrockneten Meeresfrüchten. Zudem gibt es Stände für Spezialitäten wie Sushi oder *tonkatsu* (fritierte Schweinekoteletts). Die Kaufhäuser Isetan, Tobu, Mitsukoshi und Takashimaya sind für Qualität und Auswahl bekannt.

6 Reservieren

In gehobenen Restaurants sollte man vor dem Besuch einen Tisch reservieren. Dort gibt es für gewöhnlich englischsprachiges Personal. Auch Ihr Hotel nimmt die Reservierung für Sie vor. In »normalen« Lokalen ist eine Reservierung in der Regel nur für größere Gruppen erforderlich.

7 Steuern & Servicegebühren

Hotels berechnen fünf Prozent Steuer. Weitere drei Prozent fallen an, wenn die Nacht über 15 000 Yen kostet. Luxushotels schlagen zudem eine Servicegebühr von zehn bis 15 Prozent auf. Auch Nobelrestaurants erheben eine Servicegebühr.

8 Minshuku

Minshuku sind familiengeführte Pensionen, in deren freundlichem Ambiente man rasch Anschluss zu anderen Reisenden findet. Ähnlich wie bei B & Bs bewegen sich die Zimmerpreise zwischen 6000 und 7000 Yen. In Tokyo sind *minshuku* rar, dafür gibt es viele preisgünstige *ryokan* *(siehe S. 132)*. Meist kann man in solchen Unterkünften nur bar bezahlen.

9 Hochsaison

Zu den drei Hauptferienzeiten Neujahr (25. Dez bis 4. Jan), »Goldene Woche« (29. Apr bis 5. Mai) und O-Bon (Mitte Aug) sind die Flughäfen Narita und Haneda völlig überfüllt *(siehe S. 116)* und Unterkünfte schnell ausgebucht, reservieren Sie also vorab. Im Februar, wenn Tausende Studenten zu den Aufnahmeprüfungen der Universitäten anreisen, sind meist keine günstigen Zimmer mehr zu haben.

10 Regeln im Ryokan

Beim Betreten eines *ryokan* legt man die Straßenschuhe ab und schlüpft in die Pantoffeln, die am Eingang bereitliegen. Auch diese zieht man aber aus, bevor man die *Tatami*-Matten in seinem Zimmer betritt. Kleine *ryokan* haben oft nur ein Gemeinschaftsbad. Um dieses aufzusuchen, zieht man den im Zimmer bereitgelegten Bademantel *yukata* an. In größeren Häusern haben die Zimmer eigene Bäder.

Der tokonoma *(Alkoven) in einer Zimmerecke im* ryokan *muss respektiert werden. Stellen Sie keine Koffer, Getränke etc. darauf ab.*

Links **The Ritz-Carlton** Mitte **Park Hyatt Tokyo** Rechts **Mandarin Oriental Tokyo**

Top 10 Luxushotels

1 ANA InterContinental Tokyo

Das Hotel gehört zum Ark-Hills-Komplex. Es bietet eine große Lobby und geräumige Zimmer. Von den oberen Etagen und dem Pool auf dem Dach öffnet sich der Blick über Tokyo und auf den Fuji. *Karte J5 • 1-12-33 Akasaka, Minato-ku • 3505-1111 • www.anaintercontinental-tokyo.jp • ¥¥¥¥¥*

2 Grand Hyatt Tokyo

Das geschmackvolle Ambiente des Hauses verbindet modernes Design mit Naturelementen. Die luxuriösen Zimmer sind modern ausgestattet. Es gibt Restaurants, eine Patisserie und ein Spa. *Karte C6 • 6-10-3 Roppongi, Minato-ku • 4333-1234 • www.tokyo.grand.hyatt.com • ¥¥¥¥¥*

3 The Peninsula Tokyo

Das 24-stöckige Hotel wurde 2008 eröffnet. Der Östliche Garten des Kaiserpalasts *(siehe S. 67)*, der Hibiya-Park *(siehe S. 74)* und das Tokyo International Forum *(siehe S. 74)* liegen in der Nähe. *Karte M4 • 1-8-1 Yurakucho, Chiyoda-ku • 6270-2888 • www.peninsula.com/Tokyo • ¥¥¥*

4 Park Hyatt Tokyo

In dem Film *Lost in Translation* erlebt Scarlett Johansson die grandiose Aussicht aus einem Zimmer des Hotels. Nachts erstrahlt das neonbeleuchtete Shinjuku noch beeindruckender. Die Rezeption befindet sich im 41. Stock. *Karte A4 • 3-7-1-2 Nishi-Shinjuku, Shinjuku-ku • 5322-1234 • www.tokyo.park.hyatt.com • ¥¥¥¥*

5 Yokohama Royal Park Hotel

Die Zimmer des Hotels in dem beeindruckenden Wolkenkratzer Landmark Tower *(siehe S. 109)* liegen im 52. bis 67. Stock. Der Blick auf das Ufer und den Fuji ist atemberaubend. *Karte B2 • 2-2-1-3 Minato Mirai, Nishiku, Yokohama • 045-221-1111 • www.yrph.com • ¥¥¥¥*

6 The Ritz-Carlton

Das nahe dem aufregenden Vergnügungsviertel Roppongi gelegene Hotel beeindruckt mit atemberaubenden Ausblicken, ezellenten Restaurants und Bars sowie erstklassiger Ausstattung. *Karte D6 • Tokyo Midtown, 9-7-1 Akasaka, Minato-ku • 3423-8000 • www.ritzcarlton.com • ¥¥¥¥*

7 Claska

Die etwas ungünstige Lage des modernen zweistöckigen Hotels macht der großartige Luxus mehr als wett. Jedes der großen Zimmer ist individuell und originell gestaltet. Das Haus verfügt über eine Galerie, eine Buchhandlung und ein Bar-Restaurant. *Karte C2 • 1-3-18 Chuocho, Meguro-ku • 3719-8121 • www.claska.com • ¥¥¥¥*

8 Mandarin Oriental Tokyo

Japanisches Kunsthandwerk wie Papierlaternen, Textilbehänge und traditionelle Möbel zieren Zimmer und Lobby des eleganten Hotels. Hinzu kommen der Blick auf den Fuji und die nächtliche Szenerie des berühmten Geschäftsviertels. *Karte N2 • 2-1-1 Nihonbashi-Muromachi, Chuo-ku • 3270-8800 • www.mandarinoriental.com/tokyo • ¥¥¥¥¥*

9 The Prince Park Tower Tokyo

Das am Rand des Shiba-Parks im Schatten des Tokyo Tower *(siehe S. 91)* gelegene Hotel bildet einen angenehmen Rückzugsort vom Trubel der Stadt. Herrliche Aussicht bieten nicht nur die Eckzimmer der oberen Stockwerke, sondern auch die Dachbar. *Karte E6 • 4-8-1 Shiba-koen, Minato-ku • 5400-1111 • www.princehotels.com/en/parktower • ¥¥¥¥¥*

10 Imperial Hotel

Das Hotel aus den 1890er Jahren liegt am Hibiya-Park *(siehe S. 74)* und genießt einen tadellosen Ruf. Die Ginza ist nur einen kleinen Spaziergang entfernt. Die Zimmer auf der neuen Etage sind ein wenig größer bemessen und mit Flachbildfernsehern ausgestattet. *Karte L4 • 1-1-1 Uchisawai-cho, Chiyoda-ku • 3504-1111 • www.imperialhotel.co.jp • ¥¥¥¥¥*

Wenn nicht anders angegeben, akzeptieren alle Hotels Kreditkarten und bieten Zimmer mit Bad und Klimaanlage.

Preiskategorien

Preis für ein Standard-Doppelzimmer pro Nacht inklusive Steuern und Service.		
	¥	unter 8000 ¥
	¥¥	8000–15 000 ¥
	¥¥¥	15 000–25 000 ¥
	¥¥¥¥	25 000–35 000 ¥
	¥¥¥¥¥	über 35 000 ¥

Links **Hotel Villa Fontaine Shiodome** Rechts **Shinjuku Washington Hotel**

TOP 10 Mittelklassehotels

1 Mitsui Garden Hotel Shiodome Italia-gai

Das Haus der renommierten Kette besitzt eine gute Lage im Zentrum Tokyos. Die Zimmer sind geräumig. Das Hotel verfügt über ein öffentliches Schwimmbad. *Karte E6 • 2-14-24 Higashi-Shimbashi, Minato-ku • 3431-1131 • www.gardenhotels.co.jp • ¥¥¥*

2 Granbell Hotel

Das freundliche und ruhige Hotel ist vom Bahnhof Shibuya gut zu Fuß zu erreichen. Die Einzel- und Doppelzimmer sind in hellen Farben gestaltet. Die Terrassensuite im Maisonette-Stil ist großartig, aber natürlich auch etwas teurer. *Karte R6 • 15-17 Sakuragaoka-cho, Shibuya-ku • 5457-2681 • www.granbellhotel.jp • ¥¥¥*

3 Tokyu Stay Aoyama Premier

Das Businesshotel besitzt ein Plus an Ausstattung wie herrliche Aussicht aus den oberen Zimmern, ein japanisches Frühstücksbüfett und kostenlosen Internetzugang. Die Zimmer sind klein, aber modern. *Karte C5 • 2-27-18 Minami-aoyama, Minato-ku • 3497-0109 • www.tokyustay.co.jp • ¥¥*

4 Ginza Grand Hotel

Das günstig gelegene Businesshotel verfügt über eine Bar und zwei Etagen mit Restaurants. Der Zimmerservice steht bis Mitternacht zur Verfügung. Die Zimmer sind geräumig. Gäste können den Breitband-Internetzugang nutzen. *Karte M5 • 8-6-15 Ginza, Chuoku • 3572-4131 • www.ginzagrand.com • ¥¥¥*

5 Creston Hotel

Das elegante Hotel liegt etwa in der Mitte zwischen Bunkamura *(siehe S. 96)* und dem NHK-Komplex in einer ruhigen Seitenstraße. Die Lage ist großartig, um die Restaurants und das Nachtleben in Shibuya zu erkunden. Das Personal spricht Englisch. *Karte Q4 • 10-8 Kamiyamacho, Shibuya-ku • 3481-5800 • www.crestonhotel.co.jp • ¥¥¥*

6 Hotel Mets Shibuya

Das Hotel mit schönen Doppelzimmern und einigen luxuriösen, doch erschwinglichen Einzelzimmern liegt neben dem Bahnhof Shibuya. Man sollte jedoch darauf achten, kein zu den Gleisen gerichtetes Zimmer zu wählen. Das Frühstücksbüfett ist im Preis inbegriffen. *Karte S5 • 3-29-17 Shibuya, Shibuya-ku • 3409-0011 • www.hotelmets.jp/shibuya • ¥¥¥*

7 Shinjuku Washington Hotel

Das Businesshotel bietet einfache Zimmer, Service und Ausstattung sind jedoch hervorragend. Der Blick von den oberen Etagen auf Shinjukus Neonlichter ist fantastisch. Es gibt ein eigenes Stockwerk für Frauen. *Karte A4 • 3-2-9 Nishi-Shinjuku, Shinjuku-ku • 3343-3111 • www.wh-rsv.com/english/shinjuku • ¥¥¥*

8 Ginza Nikko Hotel

Das Hotel für Urlauber und Geschäftsleute bietet freundliche Zimmer mit großen Badewannen (ein Luxus in Tokyo) und liegt günstig für Ginza-Shoppingtouren. Angesichts der noblen Lage sind die Preise durchaus fair. *Karte M5 • 8-4-21 Ginza, Chuo-ku • 3571-4911 • www.ginza-nikko-hotel.com • ¥¥¥*

9 Hotel Kazusaya

Das Hotel im Zentrum von Tokyos Geschäftsviertel verfügt über große, hübsch möblierte Zimmer in japanischem und westlichem Stil, ein gutes Restaurant und Internetzugang. *Karte P1 • 4-7-15 Nihonbashi-Honcho, Chuo-ku • 3241-1045 • www.h-kazusaya.co.jp • ¥¥*

10 Hotel Villa Fontaine Shiodome

Das Flaggschiff einer Hotelkette mit niedrigen Preisen und hohen Standards eröffnete 2004 im imposanten Shiodome *(siehe S. 74)*. Die kleinen, aber kreativ gestalteten Gästezimmer bieten Breitband-Internet, einige Etagen sind für Frauen reserviert. *Karte M6 • 1-9-2 Higashi-Shimbashi, Minato-ku • 3569-2220 • www.hvf.jp/shiodome • ¥¥¥*

Hotel-Tipps **siehe S. 125**

Links **YMCA Asia Youth Center** Mitte **Hotel Sunlite Shinjuku** Rechts **Sakura Hotel**

TOP 10 Preiswerte Hotels

1 Hotel Siesta

Das nahe dem Bahnhof Ebisu hervorragend gelegene, gepflegte Hotel bietet sowohl reguläre Einzelzimmer als auch Kapseln zum halben Preis an. Die Nutzung des WLAN-Zugangs ist kostenlos. *Karte C2 • 1-8-1 Ebisu, Shibuya • 3449-5255 • www.siesta-en.com • ¥*

2 Hotel New Koyo

Die blitzsauberen, wenn auch winzigen japanischen und westlichen Zimmer des im Arbeiterviertel Sanya gelegenen Hotels sind bei Rucksackurlaubern sehr beliebt. Alle Angestellten des Hauses sprechen Englisch. *Karte H1 • 2-26-13 Nihonzutsumi, Taito-ku • 3873-0343 • www.newkoyo.com • ¥*

3 Shibuya City Hotel

Das kleine Hotel in der Nähe von Bunkamura und den Clubs und Restaurants von Shibuyas bietet seine tadellosen großen Zimmer erstaunlich preiswert an. Das freundliche Personal spricht ein wenig Englisch. *Karte A6 • 1-1 Maruyama-cho, Shibuya-ku • 5489-1010 • ¥¥*

4 Private Hotel Aroma

Das Haus widerspricht den üblicherweise mit Lovehotels verbundenen Klischees von Vulgarität und Schäbigkeit. Es besitzt eine gehobene, elegante Atmosphäre. Die Zimmer sind im orientalischen Stil eingerichtet und haben jeweils ein eigenes Thema. *Karte C1 • 2-64-7 Ikebukuro, Toshima-ku • 3988-0890 • ¥¥*

5 YMCA Asia Youth Center

Mit seinen komfortablen, wenn auch kleinen Zimmern mit Bad gleicht das Hostel schon eher einem Hotel. Gästen steht ein PC mit Internetzugang zur Verfügung. Zum Haus gehört auch ein Restaurant. *Karte E3 • 2-5-5 Sarugaku-cho, Chiyoda-ku • 3233-0611 • www.ymcajapan.org/ayc • ¥*

6 Sakura Hotel

Das bei Reisenden mit kleinem Budget beliebte Hotel bietet Schlafsäle und winzige, aber gemütliche Zimmer – alles Nichtraucherbereiche. Zu den Pluspunkten zählen die gute Lage und das freundliche, Englisch sprechende Personal. *Karte L1 • 2-21-4 Kanda-Jimbocho, Chiyoda-ku • 3261-3939 • www.sakura-hotel.co.jp • ¥*

7 Asia Center of Japan

Das Asia Center im Herzen des schicken Aoyama ist gut mit der U-Bahn zu erreichen und bietet alle Einrichtungen eines Businesshotels zu erschwinglichen Preisen. Die Zimmer im Altbau sind recht einfach, aber geräumig, die im Neubau zeigen westlichen Stil. Es gibt ein herzhaftes Frühstücksbüfett. *Karte C5 • 8-10-32 Akasaka, Minato-ku • 3402-6111 • www.asiacenter.or.jp • ¥*

8 Hotel Sunlite Shinjuku

Das gut geführte, eher einfache Businesshotel bietet gut ausgestattete Zimmer. Dank der Lage an der Ostseite des Bahnhofs Shinjuku ist es nicht weit zu Shoppinggelegenheiten und dem Unterhaltungsviertel Kabukicho. *Karte B3 • 5-15-8 Shinjuku, Shinjuku-ku • 3356-0391 • www.sunlite.co.jp/index-e.htm • ¥¥*

9 Nihonbashi Sumisho Ningyocho

Das Hotel in dem zentral gelegenen Viertel Nihonbashi weist ein hervorragendes Preis-Leistungs-Verhältnis auf. Die Zimmer sind meist westlichen Stils, doch das Hotel hat die Atmosphäre eines traditionellen Gästehauses. Alle Zimmer haben Bad. *Karte G4 • 9-14 Kobunacho, Nihonbashi, Chuo-ku • 3661-4603 • www.sumisho-hotel.co.jp • ¥¥*

10 Tokyo Central Youth Hostel

Die moderne Jugendherberge im 18./19. Stock des Central Plaza bietet neben Schlafsälen auch ein japanisches Familienzimmer, Speisesaal, Souvenirladen, Internetzugang und eine Lobby mit Fernseher. *Karte D3 • 21-1 Central Plaza, 18. Stock, Shinjuku-ku • 3235-1107 • www.jyh.gr.jp/tcyh/e/top.html • ¥*

Tokyo für wenig Geld **siehe S. 122**

Shibuya Tobu Hotel

Preiskategorien

Preis für ein Standard-Doppelzimmer pro Nacht inklusive Steuern und Service.

¥	unter 8000 ¥
¥¥	8000–15 000 ¥
¥¥¥	15 000–25 000 ¥
¥¥¥¥	25 000–35 000 ¥
¥¥¥¥¥	über 35 000 ¥

Top 10 Businesshotels

1 Shinjuku Urban Hotel

Das Hotel ist nicht hübsch, aber günstig gelegen: Es befindet sich mitten im Unterhaltungsviertel Kabukicho. Die Zimmer sind ordentlich und groß. Das Personal ist freundlich und hilfsbereit, spricht allerdings nur wenig Englisch. *Karte B3 • 2-8-12 Kabukicho, Shinjuku-ku • 3209-1231 • ¥¥*

2 Hotel Arca Torre Roppongi

Auf der Straße herrscht gelegentlich etwas Lärm, doch das Hotel besticht mit guter Ausstattung, komfortablen Zimmern und der Lage am Roppongi Crossing und nahe Roppongi Hills. *Karte D6 • 6-1-23 Roppongi, Minato-ku • 3404-5111 • www.arktower.co.jp • ¥¥¥*

3 Tokyo Bay Ariake Washington Hotel

Das große Hotel ist beliebt bei Besuchern der Ausstellungen im nahen Tokyo Big Sight *(siehe S. 44)*. Es ist exzellent ausgestattet und bietet auf 20 Stockwerken über 750 Zimmer sowie japanische und westliche Restaurants. *Karte D2 • 3-7-11 Ariake, Koto-ku • 5564-0111 • www.wh-rsv.com • ¥¥¥*

4 Shibuya Tobu Hotel

Das Haus präsentiert eine für ein Businesshotel ungewöhnlich elegante Lobby, geschmackvolle Möbel und viel Marmor und Holz in den Zimmern. Die Einzelzimmer sind wegen der breiteren Betten ihren Aufpreis wert. Restaurants verschiedener Stile runden den Aufenthalt ab. *Karte R5 • 3-1 Udagawa-cho, Shibuya-ku • 3476-0111 • www.tobuhotel.co.jp/shibuya • ¥¥¥*

5 Hotel Excellent

Das einfache und eher durchschnittliche Hotel ist nur eine Minute vom Bahnhof Ebisu entfernt und dank hübscher, gepflegter Zimmer und niedriger Preise eine gute Wahl. Es gibt zwar kein Restaurant im Haus, doch in der nahen Umgebung locken zahlreiche gute Speiselokale. *Karte C2 • 1-9-5 Ebisu-Nishi, Minato-ku • 5458-0087 • ¥¥*

6 Akasaka Yoko Hotel

Das Hotel liegt nicht weit von Roppongis Clubs und Bars entfernt, doch weit genug, um die Nachtruhe nicht zu gefährden. Das Design ist eher bescheiden, die Ausstattung aber gut und das Personal hilfsbereit und freundlich. *Karte D5 • 6-14-12 Akasaka, Minato-ku • 3586-4050 • www.yokohotel.co.jp/english/ • ¥¥*

7 Business Hotel Ban

Das Business Hotel Ban bietet preisgünstige, gepflegte, gemütliche Zimmer in exzellenter Lage unweit der Ginza. Die Nähe zu Shinbasi, einem der Geschäftsviertel von Tokyo, ist ein weiterer Pluspunkt. *Karte M5 • 3-17-10 Tsukiji, Chuoku • 3543-8411 • www.hotelban.co.jp/english/index.html • ¥¥*

8 Kayabacho Pearl Hotel

Das beinahe schon hochklassige Hotel steht an einem Kanal im Geschäftsviertel Kayabacho. Es bietet große und schön ausgestattete Zimmer, ein Businesscenter, ein gutes Restaurant und englischsprachiges Personal. *Karte P3 • 1-2-5 Shinkawa, Chuo-ku • 3553-8080 • www.pearlhotels.jp/en/kayabacho • ¥¥¥*

9 Hotel Sunroute Asakusa

Das gut geführte Hotel bietet mitten im traditionellen Viertel Asakusa einfache Zimmer westlichen Stils und ein hervorragendes Preis-Leistungs-Verhältnis. Im zweiten Stock befindet sich das Familienrestaurant Jonathan. *Karte Q2 • 1-8-5 Kaminarimon, Taito-ku • 3847-1511 • ¥¥¥*

10 Ueno First City Hotel

Das gut geführte, ruhige und komfortable Hotel liegt eigentlich näher bei Yushima als bei Ueno. Alle Zimmer, ob westlich oder japanisch gestaltet, haben ein eigenes Bad. *Karte F2 • 1-14-8 Ueno, Taito-ku • 3831-8215 • www.uenocity-hotel.com • ¥¥*

Wenn nicht anders angegeben, akzeptieren alle Hotels Kreditkarten und bieten Zimmer mit Bad und Klimaanlage.

Links **Hotel Nikko Tokyo** Rechts **Cerulean Tower Tokyu Hotel**

TOP 10 Zimmer mit Aussicht

1 Hotel Parkside

Das Hotel bietet japanische und westliche Zimmer sowie ein gutes Preis-Leistungs-Verhältnis. Der Ausblick von den mittleren und oberen Etagen auf den Park und den Lotosteich ist im Sommer besonders reizvoll. *Karte F2 • 2-11-18 Ueno, Taito-ku • 3836-5711 • www.parkside.co.jp • ¥¥¥*

2 Conrad Hotel

In dem 37-stöckigen gehobenen Hotel sorgen einzigartige Blicke auf das Grün und die Gewässer des Hama-rikyu-Gartens *(siehe S. 75)*, Aromatherapien, Zedernholz-Spas und die großartige Küche für einen unvergesslichen Aufenthalt. *Karte L6 • 1-9-1 Higashi-Shimbashi, Minato-ku • 6388-8000 • www.conradtokyo.co.jp • ¥¥¥¥¥*

3 Palace Hotel

Kaum ein Hotel ist in Tokyo besser gelegen als dieses freundlich-ruhige, altmodische Haus. Von den großen Zimmern hat man einen herrlichen Blick auf die kaiserliche Palastanlage *(siehe S. 8f)*. Auch das Restaurant ist exzellent. *Karte M2 • 1-1-1 Marunouchi, Chiyoda-ku • 3211-5211 • www.palacehotel.co.jp • ¥¥¥¥¥*

4 Cerulean Tower Tokyu Hotel

Shibuyas einziges wahres Luxushotel bietet riesige Zimmer, eine elegante Ausstattung, *Kaiseki*-Lokale, Bars, einen Jazzclub und ein No-Theater *(siehe S. 58)*. Vom 13. bis zum 37. Stock ist die Aussicht atemberaubend. *Karte R6 • 26-1 Sakuragaoka-cho, Shibuya-ku • 3476-3000 • www.ceruleantower-hotel.com/en • ¥¥¥¥*

5 Grand Pacific Le Daiba

Das opulente Hotel wartet mit exzellentem Service und erstklassiger Ausstattung auf. Von den Zimmern in den mittleren und oberen Etagen und der Sky Lounge im 30. Stock hat man einen herrlichen Blick auf die Bucht und die Wolkenkratzer am Ufer. *Karte D2 • 2-6-1 Daiba, Minato-ku • 5500-6711 • www.grandpacific.jp • ¥¥¥¥*

6 Shinjuku Prince Hotel

Gleich beim JR-Bahnhof Shinjuku bieten die verhältnismäßig großen Zimmer und das Restaurant im 25. Stock des gemütlichen gut ausgestatteten Hotels grandiosen Blick auf das Unterhaltungsviertel Kabukicho mit seinen Clubs und Bars. *Karte B3 • 1-30-1 Kabuki-cho, Shinjuku-ku • 3205-1111 • www.princehotels.co.jp • ¥¥¥*

7 Asakusa View Hotel

Wie der Name verspricht blickt man von den komfortablen Zimmern im japanischen Stil über die Dächer der Altstadt und den nahen Tempel Senso-ji *(siehe S. 10f)*. Die Bar im 28. Stock bietet die beste Aussicht auf den Sumida und seine vielen Brücken *(siehe S. 12f)*. *Karte Q1 • 3-17-1 Nishi-Asakusa, Taito-ku • 3847-1111 • www.viewhotels.co.jp/asakusa/english • ¥¥¥*

8 InterContinental Tokyo Bay

Von den eleganten Zimmern reicht der Blick über den Fluss, die Werften, die Bucht und die beleuchtete Rainbow Bridge, die nach Odaiba *(siehe S. 28f)* führt. *Karte C2 • 1-16-2 Kaigan, Minato-ku • 5404-2222 • www.interconti-tokyo.com • ¥¥¥¥¥*

9 Hotel Nikko Tokyo

Das gut ausgestattete Hotel liegt nahe den Tokyo Decks mit ihren Freizeitangeboten, Cafés und Restaurants. Die luxuriösen Zimmer bieten herrliche Blicke auf die Bucht, die Insel Odaiba und die Uferpromenade. *Karte D2 • 1-9-1 Daiba, Minato-ku • 5500-5500 • www.hnt.co.jp • ¥¥¥¥¥*

10 The Westin Tokyo

Das nach dem Vorbild europäischer Grandhotels gestaltete Haus liegt hinter dem Ebisu Garden Place. Die Zimmer der mittleren und oberen Etagen erlauben wunderbare Ausblicke – entweder auf die Bucht oder auf die glitzernden Lichter der Stadt. *Karte C2 • 1-4-1 Mita, Meguro-ku • 5423-7000 • www.westin-tokyo.co.jp • ¥¥¥¥¥*

Wenn nicht anders angegeben, akzeptieren alle Hotels Kreditkarten und bieten Zimmer mit Bad und Klimaanlage.

Hyatt Regency Tokyo

Preiskategorien

Preis für ein Standard-Doppelzimmer pro Nacht inklusive Steuern und Service.		
	¥	unter 8000 ¥
	¥¥	8000–15 000 ¥
	¥¥¥	15 000–25 000 ¥
	¥¥¥¥	25 000–35 000 ¥
	¥¥¥¥¥	über 35 000 ¥

TOP 10 Hotels für Sightseeing

1 Shangri-La Hotel
Das in der Innenstadt ideal gelegene Hotel verfügt über charmant gestaltete Zimmer, die beeindruckende Aussicht bieten. Zu den Wellness- und Freizeitanlagen gehören ein Spa und ein Pool. *Karte N2 • 1 Marunouchi Trust Tower Main, 1-8-3 Marunouchi, Chiyoda-ku • 6739 7888 • www. shangri-la. com* • ¥¥¥¥

2 Hotel Ibis
Das Haus der Ibis-Kette ist bei Ravern beliebt, die Roppongis Clubs und Bars locken. Bei all der Konkurrenz jüngerer Hotels bietet es ein gutes Preis-Leistungs-Verhältnis. Das Personal ist freundlich, das italienische Restaurant Sabatini exzellent. *Karte C6 • 7-14-4 Roppongi, Minato-ku • 3403-4411 • www.ibis-hotel.com* • ¥¥¥

3 Excel Hotel Tokyu
Das Hotel liegt im Restaurant- und Shopping-Komplex Mark City und nahe dem Bahnhof – ideal, um Shibuya bei Tag und bei Nacht zu entdecken. Die großen Zimmer bieten schöne Aussicht. Zwei Etagen sind für Frauen reserviert. *Karte R5 • 1-12-2 Dogenzaka, Shibuya-ku • 5457-0109 • www.tokyu hotels.co.jp* • ¥¥¥

4 Keio Plaza Hotel
Das Hotel liegt perfekt, um die Attraktionen von Shinjuku zu erkunden. Für die tolle Lage inmitten der Wolkenkratzer im Westen des Stadtteils und die erstklassige Ausstattung mit beheizten Pools, Läden und Restaurants sind die Preise fair. *Karte A4 • 2-2-1 Nishi-Shinjuku, Shinjuku-ku • 3344-0111 • www. keioplaza.co.jp* • ¥¥¥

5 Hyatt Regency Tokyo
Das von außen wenig eindrucksvolle Haus überzeugt mit einer großen Lobby, geräumigen Zimmern und exzellentem Service. Alle Sehenswürdigkeiten von Shinjuku, auch das Tokyo Metropolitan Building *(siehe S. 104)*, liegen ganz in der Nähe. *Karte A3 • 2-7-2 Nishi-Shinjuku, Shinjuku-ku • 3348-1234 • www.tokyo. regency.hyatt.com* • ¥¥¥

6 Hilton Hotel
Das exzellent ausgestattete Hotel verfügt über einen Swimmingpool, ein Jacuzzi, Tennisplätze auf dem Dach und verschiedene Restaurants. Es bietet wunderbare Aussicht auf das Wolkenkratzerviertel. Die Zimmer sind gemütlich und geräumig. *Karte A3 • 6-6-2 Nishi-Shinjuku, Shinjuku-ku • 3344-5111 • www. hilton.com* • ¥¥¥¥¥

7 The Tokyo Station Hotel
Das 1915, ein Jahr nach dem Bahnhof Tokyo, eröffnete Hotel befindet sich in dem Backsteingebäude des Bahnhofs. Es hat den Status eines Wichtigen Kulturguts Japans. *Karte N3 • 1-9-1 Marunouchi, Chiyoda-ku • 5220-1111 • www.thetokyostation hotel.jp* • ¥¥¥¥¥

8 Mitsui Garden Hotel Ginza Premier
Der in Ginza ruhig gelegene, moderne Wolkenkratzer bietet Vier-Sterne-Luxus und herrliche Aussicht zu vernünftigen Preisen. *Karte M5 • 8-13-1 Ginza, Chuo-ku • 3541-3621 • www.gardenhotels.co.jp/ eng/ginza-premier* • ¥¥¥

9 Four Seasons Hotel Tokyo at Marunouchi
Das Luxushotel nahe dem Bahnhof Tokyo und der kaiserlichen Palastanlage *(siehe S. 8f)* verfügt über große Zimmer mit Plasma-TV, DVD-Spieler und herrlicher Aussicht. Es bietet perfekten, mehrsprachigen Service. *Karte M3 • Pacific Century Plaza, 1-11-1 Marunouchi, Chiyoda-ku • 5222-7222 • www.fourseasons. com/marunouchi* • ¥¥¥¥¥

10 Ueno Tsukuba Hotel
Die Zimmer des Businesshotels sind klein, doch angesichts der Nähe des Hauses zu den Attraktionen von Ueno preisgünstig. Die japanischen Zimmer sind besser, auch wenn man dann das Gemeinschaftsbad im ersten Stock benutzen muss. *Karte G2 • 2-7-8 Moto-Asakusa, Taito-ku • 3834-2556 • www.hotelink.co.jp* • ¥¥

Highlights unter den Sehenswürdigkeiten Tokyos **siehe S. 6f**

Links **Homeikan Honkan** Mitte **Sawanoya Ryokan** Rechts **Ryokan Shigetsu**

TOP 10 Ryokan

1 Sukeroku no Yado Sadachiyo

Der elegante, moderne japanische Gasthof ist nur fünf Minuten vom Tempel Senso-ji *(siehe S. 10f)* entfernt. Er bietet unterschiedlich große Zimmer im traditionellen japanischen Stil und ein hervorragendes japanisches Gemeinschaftsbad. Das Personal ist überaus freundlich, spricht aber nur wenig Englisch. *Karte R1 • 2-20-1 Asakusa, Taito-ku • 3842-6431 • www.sadachiyo.co.jp • ¥¥*

2 Ryokan Katsutaro

Das freundliche Haus in Familienhand verfügt über sieben Zimmer im japanischen Stil und eine ruhige Lage in einem traditionellen Viertel nahe dem Ueno-Park *(siehe S. 16f)*. Gäste können kostenlosen Internetzugang nutzen. *Karte F1 • 4-16-8 Ikenohata, Taito-ku • 3821-9808 • www.katsutaro.com • ¥*

3 Ryokan Shigetsu

Den wunderschön erhaltenen *ryokan* zieren Papierschirme an den Fenstern und *Tatami*-Matten. Herrlich sind auch die beiden traditionellen Bäder mit Blick auf die Stadt oder den Tempel Senso-ji. *Karte R2 • 1-31-11 Asakusa, Taito-ku • 3843-2345 • www.shigetsu.com • ¥¥*

4 Andon Ryokan

Das höchst moderne *ryokan* besticht mit vollendetem Design. Kaffee und Tee werden kostenlos angeboten. Jedes Zimmer ist mit Internet, TV und DVD-Spieler ausgestattet. Es gibt Duschen auf jedem Stockwerk, der Whirlpool wird von allen genutzt. Das Personal spricht auch Englisch. *Karte H1 • 2-34-10 Nihonzutsumi, Taito-ku • 3873-8611 • www.andon.co.jp • ¥¥*

5 Sawanoya Ryokan

Der alteingesessene *ryokan* ist beliebt bei ausländischen Gästen und ein guter Ort, um andere Reisende zu treffen. Die Zimmer sind klein, aber komfortabel. Einige haben ein eigenes Bad, für alle anderen gibt es ein Gemeinschaftsbad. Das Haus liegt im reizvollen Altstadtviertel Yanaka. *Karte F1 • 2-3-11 Yanaka, Taito-ku • 3822-2251 • keine Kreditkarten • ¥*

6 Tokyo Ryokan

Der bezaubernde, traditionelle *ryokan* liegt ideal für die Besichtigung des Tempels Senso-ji und anderer Sehenswürdigkeiten in Asakusa. Es gibt ein Gemeinschaftsbad. Verpflegung wird nicht angeboten, doch in der Nähe liegen viele Restaurants. *Karte Q1 • Nishi-Asakusa 2-4-8, Taito-ku • 090-8879-3599 • www.tokyoryokan.com • ¥*

7 Meguro Gajoen

Wände und Nischen des Hauses – einer Kreuzung aus noblem *ryokan* und Luxushotel – zieren originale japanische Gemälde und Schnitzereien. Das edle Ambiente wirkt fast etwas protzig. Es gibt japanische und westliche Zimmer. *Karte C2 • 1-8-1 Shimo Meguro, Meguro-ku • 3491-4111 • www.meguro gajoen.co.jp • ¥¥¥¥*

8 Sansuiso Ryokan

Der Gasthof beim Bahnhof Gotanda ist eine erschwingliche Option in einer eher teuren Gegend. Manche der japanischen Zimmer haben ein eigenes Bad, für andere stehen Gemeinschaftsbäder zur Verfügung. Das Haus schließt um Mitternacht. *Karte C2 • 2-9-5 Higashi-Gotanda, Shinagawa-ku • 3441-7475 • keine Kreditkarten • www.sansuiso.net• ¥¥*

9 Homeikan Honkan

Das reizende alte Holzhaus mit kleinem Vorgarten gilt als Wichtiges Kulturgut Japans. Die Lage in einem traditionellen Viertel trägt zum Charme bei. Gäste nutzen ein Gemeinschaftsbad. *Karte F2 • 5-10-5 Hongo, Bunkyo-ku • 3811-1181 • keine Kreditkarten • ¥¥*

10 Kimi Ryokan

Der bei Reisenden mit kleinem Budget beliebte *ryokan* bietet kleine, aber gepflegte japanische Zimmer und ein Gemeinschaftsbad. Wegen des attraktiven Preis-Leistungs-Verhältnisses sollte man rechtzeitig reservieren. *Karte C1 • 2-36-8 Ikebukuro, Toshima-ku • 3971-3766 • www.kimi-ryokan.jp • ¥*

Regeln im Ryokan **siehe S. 125**

Preiskategorien

Preis für ein Standard-Doppelzimmer pro Nacht inklusive Steuern und Service.		
	¥	unter 8000 ¥
	¥¥	8000–15 000 ¥
	¥¥¥	15 000–25 000 ¥
	¥¥¥¥	25 000–35 000 ¥
	¥¥¥¥¥	über 35 000 ¥

Hotel New Otani Tokyo

Top 10 Hotels mit Charakter

1 Nikko Kanaya Hotel

Das klassische Resort-Hotel von 1873 verbindet auf eindrucksvolle Weise altmodischen Charme mit makellosem Service. Die gut ausgestatteten Zimmer repräsentieren Epochen von der Meiji-Zeit bis zu den 1950er Jahren. *Karte B1 • 1300 Kami-hatsuishi-machi, Nikko • 0288-54-0001 • www.kanayahotel.co.jp • ¥¥*

2 Hill Top Hotel

Das einst bei Schriftstellern beliebte Art-déco-Hotel aus der Vorkriegszeit hat Charme. In den älteren Zimmern stehen altmodische Schreibtische, die teureren Suiten haben edle kleine Privatgärten. *Karte E3 • 1-1 Kanda-Surugadai, Chiyoda-ku • 3293-2311 • www.yamanoue-hotel.co.jp • ¥¥¥*

3 Centurion Hotel Residential Akasaka

Die Zimmer des im »alten Tokyo« gelegenen Boutiquehotels haben Apartmentstil. Mehr als einwöchige Aufenthalte sind ermäßigt. Da die preisgünstigsten Räume oft keine Fenster haben, sollte man »Balkonzimmer« buchen. *Karte D5 • 3-12-3 Akasaka, Minato-ku • 5454-1122 • 6229-6336 • ¥¥¥*

4 Hotel Okura

Das Hotel voll altmodischer Eleganz zeigt japanisches Dekor. Es bietet bequemes Mobiliar, ein Teezimmer und einen hübschen japanischen Garten. *Karte K5 • 2-10-4 Toranomon, Minato-ku • 3582-0111 • www.okura.com/domestic/kanto/okura_tokyo • ¥¥¥¥¥*

5 Fujiya Hotel

Das seit 1878 existierende, vornehme Hotel zählte schon viele Würdenträger und Prominente zu seinen Gästen. Der große Speisesaal ist schlichtweg majestätisch. *Karte A2 • 359 Miyanoshita, Hakone-machi • 0460-82-2211 • www.fujiyahotel.jp/english/facilities_en.html • ¥¥¥¥*

6 Hotel New Otani Tokyo

Industriebarone, Rockstars und Diplomaten waren bereits zu Gast in dem riesigen Hotel, das einer Ministadt gleicht. Die üppig möblierten Zimmer und schönen japanischen Gärten tragen zur Eleganz des Hauses bei. *Karte D4 • 4-1 Kioi-cho, Chiyoda-ku • 3265-1111 • www.1.newotani.co.jp • ¥¥¥¥¥*

7 The Strings Hotel Tokyo

Das hoch gelegene Hotel bietet einen fantastischen Blick auf Odaiba und die Rainbow Bridge *(siehe S. 28f)*. Das von Tageslicht erfüllte Interieur zeigt viel Stein, Holz und Wasser – bestückt mit Möbeln aus Walnussholz und tiefen Sofas. *Karte C2 • Shinagawa East One Tower, 26.–32. Stock, 2-16-1 Konan, Minato-ku • 5783-1111 • www.intercontinental-strings.jp/english/index/html • ¥¥¥¥¥*

8 Monterey Hanzomon Hotel

Die Zimmer des Hotels verbinden traditionelles japanisches Design mit zeitgenössischer Architektur, die Farben der Wände spiegeln den Stil von Samurai-Residenzen der Edo-Zeit wider. Die Wassergräben der nahen kaiserlichen Palastanlage *(siehe S. 8f)* laden zu schönen Spaziergängen ein. *Karte K1 • 23-1 Ichiban-cho, Chiyoda-ku • 3556-7111 • ¥¥¥*

9 Hotel Chinzanso

Lobby und Korridore des Hotels schmücken Originalkunstwerke. Original sind auch einige Elemente des großartigen japanischen Gartens, so die Holzpagode und die buddhistische Steinstatue. Die Zimmer sind äußerst ansprechend gestaltet. *Karte D1 • 2-10-8 Sekiguchi, Bunkyo-ku • 3943-1111 • www.hotel-chinzanso-tokyo.com • ¥¥¥¥¥*

10 Hotel Niwa Tokyo

Das zentral gelegene Haus bietet gute Ausstattung zu günstigen Preisen. Die geräumigen Zimmer sind japanischen Stils. Es gibt zwei Restaurants und einen Dachgarten. Einige Zimmer haben Balkon und/oder Stadtblick. *Karte E3 • 1-1-16 Misaki-cho, Chiyoda-ku • 3293-0028 • www.hotelniwa.jp • ¥¥¥*

Wenn nicht anders angegeben, akzeptieren alle Hotels Kreditkarten und bieten Zimmer mit Bad und Klimaanlage.

Textregister

Danksagung & Bildnachweis

Autor
Der britische Fotojournalist und Autor Stephen Mansfield lebt in der Region Tokyo. Seine Arbeiten sind weltweit in mehr als 60 Magazinen und Zeitungen erschienen, darunter *The Geographical, South China Morning Post, The Traveller, Japan Quarterly* und *Insight Japan.* Stephen Mansfield schreibt über Reisethemen, aber auch über aktuelle Belange, über Kultur und Literatur. Für *The Japan Times* verfasst er regelmäßig Buchkritiken. Seine Fotografien wurden bereits in zahlreichen Büchern veröffentlicht. Zu den bisher zehn von Stephen Mansfield selbst verfassten Büchern gehören z. B. *Japan: Islands of the Floating World, Birmanie: Le Temps Suspendu* und *China: Yunnan Province.* Sein jüngstes Werk, *Japanese Stone Gardens*, ist 2009 erschienen.

Publisher
Douglas Amrine

List Manager
Christine Stroyan

Senior Editor
Sadie Smith

Design Manager
Sunita Gahir

Project Art Editors
Nicola Erdpresser, Paul Jackson

Senior Cartographic Designer
Casper Morris

Kartografie
Simonetta Gori und Dominic Beddow für Draughtsman Ltd.

Fotografien
Martin Hladik

DTP
Natasha Lu, Jason Little

Production Controller
Louise Minihane

Factcheckers
Emily Grigg-Saito, Katrina Grigg-Saito

Revisions Editorial & Design
Louise Abbott, Ashwin Adimari, Umesh Aggarwal, Nadia Bonomally, Imogen Corke, Emer Fitzgerald, Stephen Forster, Kaberi Hazarika, Bharti Karakoti, Claire Jones, Sumita Khatwani, Jude Ledger, Hayley Maher, Erin Richards, Simon Scott, Conrad van Dyk

Bildnachweis

l=links; r=rechts; o=oben; u=unten; m=Mitte.

Wir haben uns intensiv bemüht, sämtliche Copyright-Inhaber zu ermitteln und zu nennen. Sollte das in einzelnen Fällen nicht gelungen sein, so bitten wir dies zu entschuldigen. Selbstverständlich werden wir Versäumtes in den nächsten Auflagen nachholen.

Dorling Kindersley bedankt sich bei den folgenden Personen, Einrichtungen und Bildbibliotheken für die freundliche Genehmigung zur Reproduktion ihres Bildmaterials.

123rf.com
Thanomphong Jantarotjana 10um.

Alamy
Aflo Co. Ltd. 80/81; Tibor Bognar 10um; Bstar Images 126om; Chris Hutty 11ol; Interfoto Pressebildagentur 32ul; Arni Katz 6mr; John Lander 24/25m; Iain Masterton 51or; Chris Porter 1m; Ulana Switucha 56ol; Jochen Tack 3ol.

Antiknock
106or.

Bunkamura
96u.

clubasia
62ol.

Corbis
amanaimages/Iwao Kataoka 12ur; Bettman 33ml; Corbis Sygma/ Annebicque 76ol; Corbis Sygma/Noboru Hashimoto 32ol; Jose Fuste Raga 30/31, 100/101.

Dreamstime.com
Tupungato 131ol.

Fujiya Hotel
113om.

Getty Images
Bloomberg 39om.

Hotel Sunlite Shinjuku
128om.

Inakaya
93ol.

INAX Gallery
76or.

Japan Airlines
116or.

Japan National Tourism Organization
Y. Shimizu 50ol, 70om.

Kyubei
78ol.

New York Grill
107ol.

Photolibrary
age fotostock/Stefano Cellai 16/17m; DEA/G Sosio 55ol; Corbis/Picture Net 3ul; Iconotec/ Francois-Xavier Prevot 10/11m; Imagestate/Randa Bishop 78ol, Imagestate/Steve Vidler 8/9m; JTB Photo 22/23m, 68ol; Mauritus/Vidler Vidler 56um.

Ritz-Carlton
126ol

Sasagin
42ol.

Shin-Yokohama Ramen Museum
113ol.

Superdeluxe
95or.

Tobacco & Salt Museum
94or

Tokyo National Museum
6ur, 19ol, 35or; Domaru-Rüstung (15. Jh.), Spende von Herrn Akita Kazusue 18m; Krieger in Keiko-Rüstung 18um; Teeblättergefäß (Edo-Zeit, 17. Jh.) von Ninsei, Important Cultural Property 18mru; Maple Viewer (16. Jh.) von Kano Hideyori, National Treasure 18/19m; Fürstin Maya und drei Diener (7. Jh.), Important Cultural Property 19mr; Stehender Bosatsu (Bodhisattva, 13. Jh.), Important Cultural Property 19um; Rikishi-Maske (für Gigaku-Tänze, 8. Jh.) 20m; Keramikkamel (Tang-Dynastie, 8. Jh.) 21m; Sitzender Bodhisattva (Kushan-Periode, 2. Jh., aus Gandhara, Pakistan) 21mr.

YMCA Asia Youth Center
128ol.

Visage Media Services
Getty Images/Paul Chesley 120ol.

Umschlagvorderseite:
Getty Images Michael Howell Hauptbild, DK Images Martin Hladik ml;
Alamy Images PCLul
Buchrücken:
DK Images Martin Hladik
Umschlagrückseite:
DK Images Martin Hladik ol, om, or.

Weitere Informationen unter
www.dkimages.com

Sprachführer

Die japanische Sprache ist mit dem Okinawa-Dialekt verwandt und ähnelt altaischen Sprachen wie dem Mongolischen und Türkischen. Das geschriebene Japanisch ist eine Kombination aus drei Schriften: den chinesischen Ideogrammen *kanji* und den zwei Silbensystemen *hiragana* und *katakana*. Die beiden letzten sind sich ähnlich, wobei *katakana* vor allem für adaptierte fremdsprachige Wörter genutzt wird. Traditionell wird Japanisch in vertikalen Zeilen von rechts oben nach links unten geschrieben, doch das westliche System findet immer mehr Anwendung. Es gibt mehrere Arten der Transkription, in diesem Buch wurde das Hepburn-System genutzt, zur Vereinfachung allerdings ohne die Querstriche auf den Vokalen. Die japanische Aussprache ist gar nicht so schwer, zumal viele Wörter »japanisierte« westliche Wörter sind. In diesem Sprachführer steht links der deutsche Begriff, in der Mitte die japanische Schreibweise und rechts die Transkription.

Aussprache

Alle Silben werden gleich stark betont. Wenn Sie ein Wort wie im Deutschen aussprechen und eine Silbe stärker betonen, kann dies ein japanisches Wort unverständlich machen.

Aussprache von Vokalen wie im Deutschen:

a	wie in »Kappe«
e	wie in »er«
i	wie in »Lied«
o	wie in »Gott«
u	wie in »du«

Wenn zwei Vokale nacheinander stehen, sprechen Sie jeden separat aus:

ai	wie in »Aida«
ae	als wäre es »ah-eh« geschrieben
ei	etwa wie in »Pompei«

Konsonanten werden beinahe wie im Deutschen ausgesprochen: *G* wird hart gesprochen (wie in »Gott«), *J* weich (etwa wie in »Dschungel«). Das *R* klingt wie eine Mischung aus *R* und *L*. *F* klingt manchmal wie *H*. »*Si*« wird immer zu »*Schi*«, aber manche Leute sprechen »*Sci*« wie »*Hi*« aus. Das *V* in westlichen Wörtern (z. B. in »Video«) wird zu *B*. Vor Konsonanten kann *N* wie *N* oder *M* ausgesprochen werden.
Alle Konsonanten außer *N* werden gedoppelt, es sei denn es folgt ihnen ein Vokal. *I* und *U* werden jedoch manchmal kaum hörbar ausgesprochen. Im Folgenden werden dort, wo *I* und *U* innerhalb des Wortes kaum ausgesprochen werden, Apostrophe verwendet. Wo dies am Wortende der Fall ist, stehen Doppelkonsonanten.

Dialekte

Standard-Japanisch wird in ganz Japan von allen Bevölkerungsschichten gebraucht und verstanden. Doch in der Umgangssprache gibt es große Unterschiede in Aussprache und Vokabular, etwa zwischen der Region Tokyo und der Region Osaka-Kyoto. Auf dem Land gibt es sehr starke Dialekte.

Höflichkeitsformen

Im Japanischen gibt es mehrere Höflichkeitsstufen, je nach Status, Alter und Situation. Im Alltag werden Höflichkeitsstufen durch die Länge der Verbalendung ausgedrückt (je länger, desto höflicher), doch in formeller Konversation finden völlig unterschiedliche Wörter *(keigo)* Anwendung. Der hier vorgestellte Stil ist neutral, aber höflich.

Im Notfall

Hilfe!	たすけて！	Tas'kete!
Halt!	とめて！	Tomete!
Rufen Sie einen Arzt!	医者をよんでください！	Isha o yonde kudasai!
Rufen Sie eine Ambulanz!	救急車をよんでください！	Kyukyusha o yonde kudasai!
Rufen Sie die Polizei!	警察をよんでください！	Keisatsu o yonde kudasai!
Feuer!	火事！	Kaji!
Wo ist das Krankenhaus?	病院はどこにありますか？	Byoin wa doko ni arimass-ka?
Polizeihäuschen	交番	koban

Grundwortschatz

Ja/Nein.	はい／いいえ	Hai/ie.
Danke.	ありがとう。	Arigato.
Bitte. (anbietend)	どうぞ。	Dozo.
Bitte. (als Wunsch)	おねがいします。	Onegai shimass.
Sprechen Sie Englisch?	英語を話せますか？	Eigo o hanasemass-ka?
Ich kann kein Japanisch.	日本語は話せません。	Nihongo wa hanasemasen.
Entschuldigung!	すみません。	Sumimasen!
Können Sie mir helfen? (nicht im Notfall)	ちょっと手伝っていただけませんか？	Chotto tets'datte itadakemasen-ka?

Nützliche Redewendungen

Ich heiße …	わたしの名前は･･･です。	Watashi no namae wa … dess.
Wie geht es Ihnen? Schön, Sie zu treffen.	はじめまして、どうぞよろしく。	Hajime-mash'te, dozo yorosh'ku.
Wie geht's?	お元気ですか？	Ogenki dess-ka?
Guten Morgen.	おはようございます。	Ohayo gozaimass.
Guten Tag (nachmittags).	こんにちは。	Konnichiwa.
Guten Abend.	こんばんは。	Konbanwa.
Gute Nacht.	おやすみなさい。	Oyasumi nasai.
Auf Wiedersehen.	さよなら。	Sayonara.
Was ist (das)?	（これは）何ですか？	(Kore wa) nan dess-ka?
Wo bekomme ich …?	･･･はどこにありますか？	… wa doko ni arimass-ka?
Was kostet das?	いくらですか？	Ikura dess-ka?
Wann ist …?	･･･何時ですか？	… nan-ji dess-ka?
Prost!	乾杯！	Kampai!
Wo ist der Waschraum/die Toilette?	お手洗い／おトイレはどこですか？	Toire wa doko dess-ka?
Hier ist meine Visitenkarte.	名刺をどうぞ。	Meishi o dozo.
Wie verwendet man das?	これをどうやって使いますか？	Kore o doyatte ts'kaimass-ka?

Nützliche Wörter

Ich	わたし	watashi
Frau	女性	josei
Mann	男性	dansei
Ehefrau	奥さん	ok'san
Ehemann	主人	shujin
groß/klein	大きい／小さい	okii/chiisai
heiß/kalt	暑い／寒い	atsui/samui
warm	温かい	atatakai
gut/nicht gut/ schlecht	いい／よくない／悪い	ii/yokunai/warui
kostenlos	ただ／無料	tada/muryo
hier	ここ	koko
dort	あそこ	asoko
dies	これ	kore
das hier	それ	sore
das dort	あれ	are
Was?	何？	nani?
Wann?	いつ？	itsu?
Warum?	なぜ？／どうして？	naze?/dosh'te?
Wo?	どこ？	doko?
Wer?	誰？	dare?
Wohin?	どちら？	dochira?
genug	じゅうぶん／結構	jubun/kekko

Schilder

offen	営業中	eigyo-chu
geschlossen	休日	kyujitsu
Eingang	入口	iriguchi
Ausgang	出口	deguchi
Gefahr	危険	kiken
Notausgang	非常口	hijo-guchi
Information	案内	annai
Waschraum/ Toilette	お手洗い／手洗い／おトイレ／トイレ	otearai/tearai/ otoire/toire
frei (unbesetzt)	空き	aki
Männer	男	otoko
Frauen	女	onna

Geld

Würden Sie das bitte in Yen umtauschen.	これを円に替えてください。	Kore o en ni kaete kudasai.
Ich möchte diese Reiseschecks einlösen.	このトラベラーズチェックを現金にしたいです。	Kono toraberazu chekku o genkin ni shitai dess.
Nehmen Sie Kreditkaren/ Reiseschecks?	クレジットカード／トラベラーズチェックで払えますか？	Kurejitto kado/ toraberazu chekku de haraemass-ka?
Bank	銀行	ginko
Bargeld	現金	genkin
Kreditkarte	クレジットカード	kurejitto kado
Wechselstube, Geldwechsel	両替所	ryogaejo
Dollar	ドル	doru
Pfund	ポンド	pondo
Yen	円	en

Telefonieren/Post

Wo ist ein Telefon?	電話はどこにありますか？	Denwa wa doko ni arimass-ka?
Darf ich Ihr Telefon benutzen?	電話を使ってもいいですか？	Denwa o ts'katte mo ii dess-ka?
Hallo, hier ist …	もしもし、…です。	Moshi-moshi, … dess.
Ich möchte ein Auslandsgespräch führen.	国際電話、お願いします。	Kokusai denwa, onegai shimass.
Luftpost	航空便	kokubin
E-Mail	イーメール	i-meru
Fax	ファクス	fak'su
Postkarte	ハガキ	hagaki
Postamt	郵便局	yubin-kyoku
Briefmarke	切手	kitte
Telefonzelle	公衆電話	koshu denwa
Telefonkarte	テレフォンカード	terefon kado

Im Hotel

Haben Sie ein Zimmer frei?	部屋がありますか？	Heya ga arimass-ka?
Ich habe reserviert.	予約をしてあります。	Yoyaku o sh'te arimass.
Ich möchte ein Zimmer mit Bad.	お風呂つきの部屋、お願いします。	Ofuro-ts'ki no heya, onegai shimass.
Was kostet das Zimmer pro Nacht?	一泊いくらですか？	Ippaku ikura dess-ka?
japanischer Gasthof	旅館	ryokan
japanisches Zimmer	和室	wa-shitsu
Schlüssel	鍵	kagi
Rezeption	フロント	furonto
Einzel-/Doppelz.	シングル／ツイン	shinguru/tsuin
Dusche	シャワー	shawa
westliches Hotel	ホテル	hoteru
westliches Zimmer	洋室	yo-shitsu
Ist die Steuer im Preis enthalten?	税込みですか？	Zeikomi dess-ka?
Kann ich mein Gepäck hier eine Weile abstellen?	荷物をちょっとここに預けてもいいですか？	Nimotsu o chotto koko ni azukete mo ii dess-ka?
Klimaanlage	冷房／エアコン	reibo/eakon
Bad	お風呂	ofuro
auschecken	チェックアウト	chekku-auto

Im Restaurant

Ein Tisch für eins/zwei/drei Personen, bitte.	一人／二人／三人、お願いします。	Hitori/futari/ sannin, onegai shimass.
Die Speisekarte, bitte.	メニュー、お願いします。	Menyu, onegai shimass.
Gibt es ein Festpreismenü?	定食がありますか？	Teishoku ga arimass-ka?
Ich hätte gern …	私は・・・がいいです。	Watashi wa … ga ii dess.
Kann ich davon eines haben?	それをひとつ、お願いします。	Sore o hitotsu, onegai shimass.
Ich bin Vegetarier.	私はベジタリアンです。	Watashi wa bejitarian dess.
Ober/Bedienung!	ちょっとすみません。	Chotto sumimasen!
Was können Sie empfehlen?	おすすめは何ですか？	Osusume wa nan dess-ka?
Wie isst man das?	これはどうやって食べますか？	Kore wa doyatte tabemass-ka?
Wir möchten bitte zahlen.	お勘定、お願いします。	Okanjo, onegai shimass.
Wir hätten gern etwas mehr …	もっと・・・、お願いします。	Motto …, onegai shimass.
Das Essen war sehr gut, danke.	ごちそうさまでした、おいしかったです。	Gochiso-sama desh'ta, oishikatta dess.
Auswahl	盛りあわせ	moriawase
Lunchbox	弁当	bento
Frühstück	朝食	cho-shoku
Büfett	バイキング	baikingu
köstlich	おいしい	oishii
Abendessen	夕食	yu-shoku
trinken	飲む	nomu
Getränk	飲みもの	nomimono
essen	食べる	taberu
Speise	食べもの／ごはん	tabemono/ gohan
satt	おなかがいっぱい	onaka ga ippai
heiß/kalt	熱い／冷たい	atsui/tsumetai
hungrig	おなかがすいた	onaka ga suita
japan. Speisen	和食	wa-shoku
Mittagessen	昼食	chu-shoku

Festpreismenü	セット／定食	setto (Snack)/ teishoku (Mahl)
pikant	辛い	karai
süß, mild	甘い	amai
westliche Speisen	洋食	yo-shoku
Pfeffer	こしょう	kosho
Salz	塩	shio
Gemüse	野菜	yasai
Zucker	砂糖	sato

Restaurants, Cafés & Bars

Cafeteria/Imbiss	食堂	shokudo
China-restaurant	中華料理屋	chuka-ryori-ya
Café	喫茶店	kissaten
Bar	飲み屋／居酒屋	nomiya/izakaya
Nudelstand	ラーメン屋	ramen-ya
Restaurant	レストラン／料理屋	resutoran/ ryori-ya
Sushi am Laufbahnd	回転寿司	kaiten-zushi
Nobel-restaurant	料亭	ryotei
vegetarisches Nobel-restaurant	精進料理屋	shojin-ryori-ya

Auf der Karte

ビール	biru	Bier
ホットコーヒー	hotto-kohi	Kaffee (heiß)
お茶	ocha	grüner Tee
		geeister Kaffee:
アイスコーヒー	aisu-kohi	schwarz
アイスオーレ	kafe-o-re	mit Milch
レモンティー	remon ti	Zitronentee
ミルク／牛乳	miruku/gyunyu	Milch
ミネラルウォーター	mineraru uota	Mineralwasser
酒	sake	Reiswein
（甘酒）	(ama-zake)	(alkoholfrei)
紅茶	kocha	Tee (nach west-licher Art)
ミルクティー	miruku ti	Tee mit Milch
水	mizu	Wasser
ウイスキー	uis'ki	Whiskey
たけのこ	takenoko	Bambussprossen
とうふ	tofu	Tofu
もやし	moyashi	Bohnenkeime
豆	mame	Bohnen
ビーフ／牛肉	bifu/gyuniku	Rindfleisch
ふぐ	fugu	Kugelfisch
かつお／ツナ	katsuo/tsuna	Thunfisch
とり／鶏肉	tori/toriniku	Hühnchen
かに	kani	Krebs
あひる	ahiru	Ente
うなぎ	unagi	Aal
たまご	tamago	Ei
なす	nasu	Aubergine/ Eierfrucht
みそ	miso	Miso/fermentier-te Sojapaste
納豆	natto	fermentierte Sojabohnen
さしみ	sashimi	Fisch (roh)
油揚げ	abura-age	gebratener Tofu
くだもの	kudamono	Obst
会席	kaiseki	Haute Cuisine
ニシン	nishin	Hering
アイスクリーム	aisu-kurimu	Eiscreme
伊勢えび	ise-ebi	Hummer
さば	saba	Makrele
肉	niku	Fleisch
		Nudeln:
そば	soba	aus Buchweizen
ラーメン	ramen	chinesisch
うどん／そうめん	udon / somen	aus Weizen, dick / aus Weizen, dünn
たこ	tako	Oktopus
カキ	kaki	Austern
つけもの	ts'kemono	Eingelegtes
豚肉	butaniku	Schweinefleisch
		Reis:
ごはん	gohan	gekochter
米	kome	roher
サラダ	sarada	Salat
鮭	sake	Lachs
ソーセージ	soseji	Wurst
えび	ebi	Garnele
いか	ika	Tintenfisch
鱒	masu	Forelle
ウニ	uni	Seeigel
すいか	suika	Wassermelone
ぼたん／いのしし	botan/inoshishi	Wildschwein
汁／スープ	shiru/supu	Suppe
しょうゆ	shoyu	Sojasauce
スパゲティ	supageti	Spaghetti
五目寿司	gomoku-zushi	gemischtes Sushi

Zahlen

0	ゼロ	zero
1	一	ichi
2	二	ni
3	三	san
4	四	yon/shi
5	五	go
6	六	roku
7	七	nana/shichi
8	八	hachi
9	九	kyu
10	十	ju
11	十一	ju-ichi
12	十二	ju-ni
20	二十	ni-ju
21	二十一	ni-ju-ichi
22	二十二	ni-ju-ni
30	三十	san-ju
40	四十	yon-ju
100	百	hyaku
101	百一	hyaku-ichi
200	二百	ni-hyaku
300	三百	san-byaku
400	四百	yon-hyaku
500	五百	go-hyaku
600	六百	ro-ppyaku
700	七百	nana-hyaku
800	八百	ha-ppyaku
900	九百	kyu-hyaku
1000	千	sen
1001	千一	sen-ichi
2000	二千	ni-sen
10 000	一万	ichi-man
20 000	二万	ni-man
100 000	十万	ju-man
1 000 000	百万	hyaku-man

Zeit

Montag	月曜日	getsu-yobi
Dienstag	火曜日	ka-yobi
Mittwoch	水曜日	sui-yobi
Donnerstag	木曜日	moku-yobi
Freitag	金曜日	kin-yobi
Samstag	土曜日	do-yobi
Sonntag	日曜日	nichi-yobi
Minute	分	pun/fun
dieses Jahr	今年	kotoshi
letztes Jahr	去年	kyonen
nächstes Jahr	来年	rainen
ein Jahr	一年	ichi-nen
spät	遅い	osoi
früh	早い	hayai
bald	すぐ	sugu

Wichtige Straßen & Attraktionen

Straßen

Attraktionen